Cómo analizar a la gente

Una guía sobre los tipos de personalidad, el comportamiento humano, la psicología oscura, la inteligencia emocional, la persuasión, la manipulación y el eneagrama

© Copyright 2020

Todos los derechos reservados. Ninguna parte de este libro puede ser reproducida de ninguna forma sin el permiso escrito del autor. Los reseñantes pueden citar pasajes breves en los comentarios.

Cláusula de exención de responsabilidad: Ninguna parte de esta publicación puede reproducirse o transmitirse de ninguna forma ni por ningún medio, mecánico o electrónico, incluidas fotocopias o grabaciones, ni por ningún sistema de almacenamiento y recuperación de información, ni transmitirse por correo electrónico sin la autorización escrita del editor.

Si bien se han realizado todos los intentos para verificar la información provista en esta publicación, ni el autor ni el editor asumen ninguna responsabilidad por los errores, omisiones o interpretaciones contrarias del contenido aquí presente.

Este libro es solo para fines de entretenimiento. Las opiniones expresadas son solo del autor y no deben tomarse como instrucciones u órdenes de expertos. El lector es responsable de sus propias acciones.

El cumplimiento de todas las leyes y normativas aplicables, incluidas las leyes internacionales, federales, estatales y locales que rigen las licencias profesionales, las prácticas comerciales, la publicidad y todos los demás aspectos de realizar negocios en los EE. UU., Canadá, el Reino Unido o cualquier otra jurisdicción es de exclusiva responsabilidad del comprador o lector.

Ni el autor ni el editor asumen ninguna responsabilidad u obligación alguna en nombre del comprador o lector de estos materiales. Cualquier desaire percibido por cualquier individuo u organización es puramente involuntario.

Índice

PRIMERA PARTE: CÓMO ANALIZAR A LAS PERSONAS 0
CAPÍTULO UNO: CÓMO CONECTAMOS 1
CAPÍTULO DOS: EL ARTE DE UNA CATEGORÍA 6
CAPÍTULO TRES: INTROSPECCIÓN 16
CAPÍTULO CUATRO: EL LENGUAJE DEL CUERPO HUMANO 25
CAPÍTULO CINCO: LO QUE GUARDAMOS DENTRO 34
CAPÍTULO SEIS: INTELIGENCIA 45
CAPÍTULO SIETE: CONVENCER A LA MENTE 53
CAPÍTULO OCHO: MONEDA DE DOS CARAS 64
CAPÍTULO NUEVE: LA CIENCIA DEL CORTE FINO 71
CAPÍTULO DIEZ: LO QUE SIGNIFICA TODO 82
SEGUNDA PARTE: ENEAGRAMA 89
CAPÍTULO 1: HISTORIA Y ORIGEN DEL ENEAGRAMA 90
CAPÍTULO 2: LOS TIPOS DE PERSONALIDAD 98
CAPÍTULO 3: DESCUBRIMIENTO DE INTERPRETACIONES 142
CAPÍTULO 4: IDENTIDAD Y EL TRAYECTO 147
CAPÍTULO 5: TIPOS Y COMUNICACIÓN 161
CAPÍTULO 6: COMPRENSIÓN DE SÍ MISMO, DE OTROS Y LAS TRÍADAS 172
CONCLUSIÓN 186

Primera Parte: Cómo Analizar a las Personas

Descubra los diferentes tipos de personalidad, el lenguaje corporal, la psicología del comportamiento humano, la inteligencia emocional, la persuasión y la manipulación

Capítulo uno: Cómo conectamos

A lo largo de su vida, es muy probable que haya encontrado a una persona que simplemente no podía entender o comprender. Sentía esa desconexión entre ustedes dos, como si existieran en dos mundos separados, planos que nunca podrían unirse.

Tal vez esto lo haya experimentado en primera persona: un amigo de un amigo o un enigmático colega. Tal vez haya tomado la forma de un personaje en su programa favorito: sus acciones suponían un misterio para usted. Todo lo que hacían dentro de la trama parecía existir fuera de la esfera de todos los demás personajes y sus formas de pensar, como si ese personaje estuviese en otro nivel. Nos atraen este tipo de personajes, tanto en los medios como en el mundo real, solo porque buscamos comprender lo que parece imposible de entender como humanos, o como animales que quieren saberlo todo, simplemente por el bien del conocimiento. No podemos evitar observarlos cada vez que tenemos la oportunidad, solo para tratar de entenderlos un poco más. Sin embargo, esto generalmente no sirve de nada, pero aun así nos agrada probar de vez en cuando.

¿Por qué nos agrada observar a la gente? Este proceso, a menudo denominado observación naturalista, es una práctica adoptada en ocasiones por sociólogos y psicólogos del comportamiento. Es una forma de observar a las personas en su *hábitat natural*, es decir, observar cómo las personas interactúan sin estímulos externos que alteren la forma en que normalmente actuarían en público.

Piense en su película de robots favorita. Ya sea que describa al robot como una fuerza negativa o positiva, es probable que exista algún tipo de secuencia en la que *aprenda* sobre los humanos: cómo piensan, cómo actúan, cómo hablan y cómo se comunican entre ellos. Esto es, en cierto sentido, lo que otros humanos hacen cuando nos sentamos en un café o en un sitio en el parque y simplemente observamos a la gente pasar. Como humanos, estamos profundamente fascinados con nosotros mismos como especie y como individuos. Por lo tanto, para satisfacer esta fascinación, podemos encontrarnos atraídos por los monólogos y las historias de los extraños que encontramos al azar en la calle. Lo más probable es que haya tenido un encuentro inusual y enigmático con un desconocido en la calle que le resultó increíblemente fascinante por lo diferente, pero a la vez similar, que era para usted. Se sintió obligado a saber más, aunque solo fuera por algún tipo de curiosidad morbosa.

Existen muchas respuestas a la pregunta: "¿Por qué nos agrada observar tanto a otras personas?" Es probable que encuentre una respuesta diferente de cada persona a la que pregunte. Las respuestas pueden incluir que se trata de mera curiosidad o que es más una cuestión de espiritualidad en la que, observar a alguien, de alguna manera, es como mirarnos a nosotros mismos.

A menudo podemos tener una compulsión mental, una atracción hacia personalidades que son tan diferentes a las nuestras que parecen un rompecabezas, algo que se debe investigar más a fondo y desentrañar. Esto es en ocasiones la razón por la cual terminamos formando lazos con personas como estas, porque esperamos descubrir el gran secreto.

En realidad, apenas existe un secreto que aprender. Estas misteriosas personalidades con las que nos ponemos en contacto a diario suelen ser simplemente un reflejo de nuestra propia naturaleza misteriosa.

Después de todo, aprendemos a conectar de diversas maneras. Es el habla, la forma escrita o un método más moderno como correos electrónicos o mensajes de texto, lo que nos permite conectarnos a una escala más amplia en comparación con los métodos de comunicación disponibles para las generaciones pasadas.

Pero, ¿por qué nos atraen tanto este tipo de individuos? ¿Qué nos impulsa en nuestro cerebro de forma casi magnética a este tipo de personas que parecen tan misteriosas, tan distantes y que en realidad podrían ser un peligro?

En el mundo de la mente humana, la mayor parte del territorio es inexplorado. La mayoría de las preguntas metafísicas que planteamos sobre el mundo que nos rodea, y el mundo que nos espera, aún no tienen respuesta. Constantemente anhelamos respuestas a estas preguntas, no importa cuán desesperadamente tengamos que buscarlas. Después de todo, los humanos harán casi cualquier cosa por el conocimiento.

Piense en la última vez que usted leyó una novela particularmente intrigante, por la que sintió una gran curiosidad por saber el final. Algo en usted mismo le dijo indició que perseverase y esperase hasta que llegara de forma natural hasta el final de la historia. De esa manera, usted podría contar con todas las pistas, toda la información enriquecedora que seguramente mejoraría la revelación de la solución a todos los problemas de los personajes.

Y, sin embargo, la necesidad de saber la respuesta a su pregunta era muy tentadora. Sería increíblemente fácil saltar hasta el final del libro. No tendría que pasar por todos los detalles de la historia cuando lo que realmente ansía es la satisfacción de saber cómo termina todo.

Entonces, salta las hojas. Da vuelta y vuelta y hojea las últimas páginas, y encuentra el final. La resolución es muy satisfactoria, pero lo que es aún más satisfactorio es el hecho de que ahora sabe cómo termina. Puede decir que posee ese conocimiento. Aunque en realidad no sabe qué sucedió para llegar a ese final, está satisfecho con ese hecho; ahora tiene la respuesta a lo que se había estado preguntando al comienzo de la historia. Eso es suficiente para evitar el sentimiento de culpabilidad persistente de saltarse la mayor parte de la novela.

Si elige acelerar el proceso de la historia, entonces seguirá una tendencia de curiosidad e inquietud. Nosotros como especie, especialmente en las últimas décadas, nos hemos vuelto cada vez más impacientes. Es posible que desee culpar de este cambio al desarrollo de un sistema en el que solo necesitamos esperar unos cinco segundos para que cualquier información que deseamos nos sea mostrada en una pantalla. Somos seres que queremos respuestas. No deseamos necesariamente el contexto que pueda o no enriquecer ese conocimiento. El orgullo de la comprensión a menudo supera cualquier satisfacción moral que podamos obtener al seguir *las reglas*.

¿Cómo podemos aplicar este conocimiento a nuestras interacciones con las personas, especialmente los individuos enigmáticos cuyas acciones con demasiada frecuencia nos eluden?

Este libro le ayudará a educarse sobre cómo interactuar con esas personas, desde comprender sus motivos hasta poder leerlos antes de que puedan leerse a sí mismas.

A menudo, detrás de la máscara de un desconocido misterioso existe alguien simplemente diferente a nosotros con quien luchamos por empatizar, basándonos solo en nuestro conocimiento actual. Habitualmente no es alguien en otro nivel o en otro planeta, o una persona misteriosa que ha sido entrenada en el arte del engaño. Estos cuentos de hadas que nos contamos generalmente son para compensar las explicaciones más mundanas que encontramos cuando retiramos la máscara de esta persona.

En este libro, conocerá formas de retirar estas máscaras y observar de manera inquisitiva al individuo que se esconde bajo las mismas. A menudo nos fascina el arte de leer a las personas, probablemente impulsados por nuestro deseo, nuestra adicción al conocimiento. ¿Y qué puede ser más interesante y cautivador para la mente humana aparte de otra mente humana? Existen diversos tipos diferentes de personas, y cada individuo dentro de esas categorías actúa por sus propias razones únicas con sus motivaciones individuales. Este libro intenta estimar con precisión el contexto que podría estar detrás de la forma en que una persona actúa y cómo ayudarlo en todas las demás áreas de su vida, incluidas las relaciones personales y comerciales y los conceptos internos que pueda tener a un nivel más filosófico. El arte del psicoanálisis puede cubrir todas estas bases y más, como pronto descubrirá a medida que continúe leyendo.

Capítulo Dos: El arte de una categoría

Como humanos, entramos en contacto con muchos tipos diferentes de personas todos los días. A menos que, por supuesto, haya obtenido este libro mientras vive completamente desconectado o esté totalmente separado de la sociedad, es probable que entre en contacto con más personas de las que cree cada día, cada una, diferente. Se dice que los humanos son como copos de nieve; a pesar de nuestras grandes similitudes, todos somos increíblemente diferentes unos de otros, conservando diversas características que se unen para crear un individuo.

En este libro, se abarcará una variedad de temas, todos relacionados con diferentes métodos de análisis de personas. Antes de que pueda entender mejor a las personas que lo rodean, primero debe comprenderse a usted mismo. Poder analizarse con precisión demuestra que posee un conocimiento básico sobre cómo funcionan internamente las personas y cómo esas funciones internas se unen para crear los rasgos externos de una persona.

Antes de comenzar, vamos a presentar el asunto de la siguiente manera: analizar a las personas no es un superpoder. Es una habilidad que cualquier persona puede aprender fácilmente, una habilidad que perfeccionará con el tiempo y con la práctica. Al igual que con cualquier habilidad, existen personas que poseen una facilidad natural para analizar a las personas a su alrededor. Las personas con talentos naturales no siempre son necesariamente mejores en el análisis una vez que aprendan estas habilidades. Por el contrario, a menudo aquellos con habilidades innatas no sienten la necesidad de perfeccionar su talento y, por lo tanto, son superadas por sus compañeros que trabajan arduamente para progresar en la habilidad practicada. Por tal motivo, no se desanime por el talento natural de otras personas.

No se debe utilizar el psicoanálisis con fines malintencionados. Muchas personas no tienen intenciones buenas cuando aprenden a *leer* a las personas. De hecho, algunas planean usar sus habilidades para manipular a otros a su voluntad o simplemente con fines egoístas o potencialmente peligrosos.

Los humanos tienden a estar extrañamente abiertos a los demás, quieran o no. Es importante tener en cuenta que no importa cuán abierta sea una persona, la persona que esté buscando analizar será consciente. La mayoría de las personas tienen una comprensión general de su propia conducta y de lo que eso podría decir sobre ellas. Si obviamente está buscando analizar a alguien para manipularlo para sus propósitos, es probable que pronto se percate de sus intenciones. Por supuesto, idealmente, su moralidad es suficiente para alejarlo de la idea de tomar ventaja tan descaradamente de una persona inocente.

Algunos de los contenidos que se tratarán en este libro incluyen:
- Los secretos detrás de los tipos de personalidad
- El lenguaje corporal
- La inteligencia emocional
- La persuasión
- Los fundamentos de la psicología del comportamiento
- La manipulación (es decir, persuadir a alguien con intenciones malintencionadas)

- El arte del psicoanálisis y el análisis rápido de personas y comportamiento

Si uno o más de estos aspectos es de su interés, está de suerte. Si despiertan su interés, es probable que sea alguien curioso o que busque constantemente la verdad y la honestidad de las personas. Puede que le agrade la idea de tener una conversación sincera con alguien, ya sea un ser querido o un completo desconocido. Es posible que desee llegar rápidamente a la raíz de una persona y sus creencias. Si estas cuestiones se aplican a usted, ¡felicidades! Acaba de ser analizado. Un análisis rápido como este, también conocido por algunos como *rapid congnition* (o inteligencia intuitiva), no siempre es tan preciso como una observación naturalista más extensa y prolongada, pero tiende a ser bastante precisa durante los pocos segundos que toma realizar el análisis. Tan solo al demostrar que está lo suficientemente interesado en el arte de analizar a las personas y comprender mejor la psicología como para leer este libro, se ha categorizado a sí mismo junto con otras personas que muestran intereses similares a usted.

Naturalmente, puede suponer que las personas con intereses similares a los suyos también comparten un conjunto similar de rasgos de personalidad. Puede hacerlo sin querer, del mismo modo que todos los demás se agrupan con otras personas. Debido a que los humanos somos animales sociales, que nos sentimos más tranquilos, y más cómodos cuando estamos con personas con las que nos identificamos, accidentalmente nos volvemos fáciles de clasificar.

Todos somos personas individuales con elementos especiales que nos diferencian de todas las demás personas del planeta. Nuestras similitudes también tienen el innegable poder de unirnos. De estas similitudes, tal vez uno de los lazos más cohesivos entre todas las personas sea nuestra disposición y capacidad de clasificarnos, ya sea por rasgos físicos (nuestro tipo de sangre, color de ojos, etc.), o dentro de categorías más relacionadas con nuestra psicología. Estas categorías incluirían cosas como tipos de personalidad, intereses, educación, clase, raza, género, sexualidad y muchas otras cuestiones que usamos para colocar al mundo y a sus habitantes de forma impecable dentro de *categorías perfectas* en nuestras mentes.

En ocasiones, estas ordenadas categorías pueden crear más daño que bien. Piense en cuántas noticias y películas ha visto sobre los miembros de un grupo demográfico que intentan liberarse de los prejuicios debido a las categorías existentes. Imagine a alguien de un grupo demográfico determinado intentando entrar en el mundo de un grupo de personas marginadas y tratando de atraer a otros su mundo, un mundo donde las personas tienen más oportunidades. Las historias que *rompen el molde* a menudo se escriben porque los problemas y las divisiones raciales o sociales llaman más la atención.

Para comprender adecuadamente las categorías en las que parece que nos ubicamos rápidamente a nosotros mismos y a nuestros compañeros, veamos un ejemplo conocido por todos: la fascinación por los tests de personalidad.

Tomemos, para un ejemplo más específico, el indicador de tipo Myers-Briggs (MBTI por sus siglas en inglés), más conocido como la prueba de las 16 personalidades. Esta prueba mide a través de cinco facetas su personalidad y la forma en la que se muestra al mundo:

1. Su extraversión o introversión: Este aspecto refleja cuán enérgicamente interactúa con los demás y si recarga mentalmente su energía a solas o en grupo.

2. Sus habilidades de observación e intuición: Este aspecto compara si prefiere tomar decisiones observando a los demás meticulosamente o si es más probable que improvise y se deje llevar.

3. Pensamiento vs. sentimiento: Este es uno de los rasgos más analizados de cualquier persona. Al tomar una decisión importante, ¿confía más en su balance emocional o en sus habilidades de razonamiento? ¿Considera que es importante respetar las opiniones de sus compañeros, incluso si la información objetiva que usted posee no se ajusta con las ideas de los demás? Estas son algunas de las cuestiones a tener

en cuenta para determinar en qué lugar de la visión se encuentra.

4. Juicio o percepción: El cuarto aspecto se descubre con preguntas que miden su iniciativa en un entorno social, así como también si sería o no apto para un rol de liderazgo en su vida laboral.

5. Finalmente, al final de su tipo de personalidad, se le asignará un rasgo, seguido de "A" o "C". Esta letra indica si posee una personalidad más asertiva o confusa. En otras palabras, si usted es el tipo de persona que dirige el grupo o si prefiere quedarse al margen mirando y aprendiendo antes de dar el primer paso.

Todas estas cuestiones combinadas conforman su tipo de personalidad MBTI. Este es solo un método, entre muchos, que puede encontrar fácilmente en línea para evaluarse a sí mismo y sus motivaciones en la vida.

Por ejemplo, el tipo de personalidad de una persona según la escala de Myer-Briggs podría ser ENFP-T, también conocida como la personalidad del *activista*. A este tipo de personalidad no le agrada ser categorizado, pero prefiere clasificar a los demás. Puede ser el tipo de persona que mira la vida a través de una lente muy analítica, pero repleta de pasión y emoción. Una persona de esta categoría puede observar la vida como un gran rompecabezas complicado y su misión en la vida es resolverlo. El cuestionario suele tomar aproximadamente diez minutos.

Todo esto puede parecer muy dramático para una prueba de diez minutos, pero los test de personalidad funcionan esencialmente de esta manera. Hacen preguntas similares para ayudar a evaluar su personalidad a través de cierta información. Aunque no todas las pruebas utilizan la escala de Myer-Briggs para definir la personalidad, la mayoría de las que poseen buena reputación utilizan aproximadamente la misma plantilla de preguntas. Esto se debe a que existen diversas maneras de medir la personalidad de un individuo en función de sus tendencias, o al menos de las tendencias de las que son conscientes y que se pueden registrar en línea a través de un test que toma de uno a quince minutos.

Por lo tanto, si casi todas las pruebas de personalidad son iguales y probablemente le brinden un resultado idéntico, ¿por qué se ve obligado a realizarlas? ¿Por qué a tanta gente le resulta tan divertido hacerlas?

Queremos ser validados. Es probable que cada persona, sin importar su estilo de vida, esté al menos algo interesada en la autovalidación. Esto no es una cuestión individual o de una fuente. El entorno en el que nos criamos, desde nuestros padres y compañeros hasta nuestros programas favoritos o las noticias que ven nuestros padres, nos ha convertido lentamente en una sociedad repleta de jóvenes que necesitan ser validados. Para algunos, la validación de un compañero puede ser más emocionante que un ascenso o un aumento.

La validación y la verificación son demasiado importantes en la era moderna. Buscamos literalmente cualquier test de personalidad para determinar aspectos que probablemente ya podríamos haberle contado a alguien sobre nosotros. Cuán extrovertidos o introvertidos somos, si somos más afectos para climas cálidos o fríos según nuestra personalidad, a qué animal nos parecemos según un cuestionario de una *web* que tardó menos de cinco minutos en completarse.

Prácticamente hemos perdido la capacidad de reflexionar profundamente sobre nosotros mismos. En cambio, incluso nuestra propia filosofía es algo que constantemente estamos verificando con otros para asegurarnos de que estamos en la posición correcta. Entonces, una vez reconocido el problema, ¿cómo lo detenemos? ¿Cómo detenemos algo que ha estado arraigado en nuestras mentes desde nuestro nacimiento?

Las pruebas de personalidad son útiles, y tienen su lugar para ayudarnos a comprender nuestras propias inclinaciones. Sin embargo, a veces, es posible que no entendamos las preguntas, obteniendo resultados poco precisos. También puede suceder que ninguna de las respuestas se ajusta a nosotros o nuestras preferencias, dejándonos nuevamente con resultados parcialmente reales. En cambio, ¿por qué no vivir su vida basada en usted, que es el personaje principal de su propia vida?

A menudo tenemos problemas para mirar hacia adentro porque tememos estar equivocados y exponer nuestra lucha interna. También hemos perdido la confianza para convencernos de que el camino en el que estamos es correcto, aunque nadie más verifique esa declaración. Es increíblemente difícil tratar de reafirmarse a sí mismo, especialmente cuando ha tenido a alguien a su lado sosteniendo su mano, metafóricamente hablando, en cada paso del camino.

En resumen, la única forma real de romper las cadenas que atrapan a su corazón y su mente es comenzar a obligarse a mirar hacia su interior. Este libro le ayudará a aprender cómo lograrlo. Después de todo, para entender los motivos de otra persona, primero debe entender los suyos. Este libro le enseñará cómo analizar y leer rápidamente a las personas, pero no le dirá exactamente qué está bien y qué está mal.

Depende de usted determinar cómo la información se ajusta a su vida; es su responsabilidad responder algunas de sus propias preguntas que este libro le descubrirá. Utilizar, tanto el conocimiento que obtendrá con este libro, junto con el que ya conoce sobre sí mismo y las personas que le rodean, puede ayudarle a interactuar de manera adecuada con los demás.

Lo más probable es que ni siquiera sepa que ya posee ese conocimiento interno. Cuando tenemos algo en qué confiar, como un cuestionario de personalidad, en lugar de dejarlo estrictamente a nuestro yo interior, esos dispositivos comienzan a funcionar menos y más lentamente. Como cualquier otra máquina, nuestro cerebro no funcionará con su máxima eficiencia si no estamos utilizando su potencia con la frecuencia necesaria. Cuanto más confíe en las opiniones externas para su validación en lugar de depender de usted mismo y pensar en sus propias acciones de una manera objetiva, más débil se volverá su cerebro y más difícil será cuando no le quede otra opción que pensar por sí mismo.

Entonces, la próxima vez que vea un tentador enlace a una prueba de personalidad, sin importar cuán fidedigna o valiosa pueda parecer la información en ese momento, tómese un momento y piense en la pregunta que desea que sea contestada. Es probable que pueda responder a la pregunta sobre usted con mayor precisión que cualquier prueba.

La otra gran cuestión acerca de obtener información filosófica sobre usted mismo es teorizar. En resumen, usted es su propio experimento científico, por así decirlo. Utilícese a sí mismo como sus propios experimentos, sus hipótesis, sus datos, de la manera que mejor le parezca. Si desea responder una pregunta que cree que puede contestar por sí mismo, mire hacia adentro y ¡averigüe si puede responderla!

Tomemos por ejemplo a Emmett. Emmett es una persona muy compasiva y empática, y por lo general intenta conectar con sus compañeros. Al hacerlo, Emmett crea conexiones beneficiosas y duraderas rápidamente, lo que le hace feliz, perpetuando el ciclo de conexión.

Sin embargo, Emmett se pregunta por qué le agrada entablar estas amistades. Normalmente no le benefician personalmente de manera proporcional al entusiasmo con el que las crea. Sabe que no lo hace por egoísmo, ya que no solo está conectando con personas en posiciones de poder o personas que le beneficirán en la vida o el trabajo. Entonces, ¿por qué lo hace?

Para responder a esta pregunta, analicemos de cerca cómo Emmett establece estas impresionantes relaciones. Lo consigue manteniéndose en contacto con casi todas las personas que conoce y asistiendo a reuniones sociales siempre que sea posible. Cuando se encuentra en estos eventos, tiene una gran habilidad para ser sociable con las personas de forma rápida, y muchas veces las personas que reciben este afecto lo corresponden con entusiasmo. Cuando Emmett recibe este afecto a cambio, se siente más feliz y, por lo tanto, más amigable, lo que lleva a que ese círculo continúe y la conexión se fortalezca.

Ahora, ¿qué reflejan los métodos de creación de conexiones de Emmett sobre él como persona? Es posible que haya notado el hecho de que Emmett es una persona muy sociable. Esto complementa que es extrovertido en comparación con algunos de sus compañeros y también se le facilita relacionarse simplemente porque interactúa con otros. Sin embargo, su razonamiento va más allá de eso, a una cuestión bastante egoísta que es común en muchas personas extrovertidas.

Probablemente también se percató de que Emmett es mucho más feliz cuando recibe atención y afecto a cambio de sus acciones. Aunque esta es una respuesta muy normal al afecto que se esperaría de prácticamente cualquier persona, lo que realmente dice sobre él es muy revelador.

Debe saber que, la razón por la que Emmett se emociona y se alegra cuando recibe atención positiva y afecto de otros es porque ese es exactamente el motivo por el cual lo ofrece en primer lugar.

Aunque Emmett realmente disfruta de observar a las personas felices y divirtiéndose, una pequeña parte de por qué es tan interactivo y simpático es porque necesita atención. Otorga grandes cantidades de afecto a las personas porque quiere agradarles, lo que le hará sentirse más seguro en sus logros y en sí mismo en general.

Usar a Emmett como ejemplo nos sirve para considerarlo sobre el hecho de que los humanos a menudo somos criaturas egoístas. No somos realmente malvados, pero somos egoístas. Algunos conciben el egoismo como un rasgo neutral, aunque poco atractivo. A menudo estamos demasiado absortos en nuestros propios problemas como para pensar en interactuar en la vida de otra persona. Pero, es esta forma de pensar egoísta y paralizada la que atrapa a una persona, o muchas, durante largos períodos de tiempo. Es difícil no quedar atrapado en ese ciclo, pero no es imposible salir de él.

Mientras se contempla a usted mismo, no tenga miedo de salir de su caparazón. No necesita la ayuda de nadie más para comprender quién es usted como persona. Este libro le mostrará los conceptos básicos para comenzar. Después de ello, depende de usted. Las categorías existen en la mente humana, pero no están destinadas a delimitar a todos. Usted es una persona única, con el poder de hacer lo que prefiera con sus habilidades y, si así lo quisiera, podría mejorarlas leyendo e informándose más.

Capítulo Tres: Introspección

El arte del psicoanálisis tiene que comenzar internamente. Esto puede parecer un poco contraproducente para las personas que solo quieren comenzar a comprender mejor a los individuos que les rodean. Sin embargo, no es tan sencillo.

Piense en cuántas personas han predicado que "para amar a alguien, primero debe amarse usted mismo". Esto no solo es cierto, sino que el mismo concepto es válido para casi todo. Cualquier aspecto que desee aplicar a los demás, primero debe poder aplicarse a usted de forma constante, aunque solo sea para comprender lo que está haciendo en primer lugar.

Por ejemplo, supongamos que quiere saber lo que piensa ese enigmático compañero de trabajo o misterioso amigo en común. Sus pensamientos y acciones parecen totalmente ilegibles, y necesita saber exactamente cuáles son sus motivaciones.

Para poder entender a esa persona, primero debe analizarse a sí mismo. Piense en algunas cosas que realiza de forma automática, sin pensar. ¿Qué decisiones toma con su subconsciente sin realmente tomarse el tiempo para sopesar sus opciones? Piense en las ocasiones en las que hubo gente que no comprendió sus acciones. No existe nadie que sea completamente incomprensible. Es más que probable que para otra persona usted sea ese compañero o colega misterioso y enigmático.

Con esto en mente y recopilando información sobre sus propias acciones y tendencias, ya sean patrones de los que es consciente o hábitos que las personas a su alrededor perciben antes que usted, analícelos. Pregúnteles a quienes se encuentran en una posición donde le observan a menudo, a un amigo del trabajo o a su cónyuge, dónde perciben que podrían originarse esas acciones. El verdadero secreto para desarrollar su capacidad de leer a las personas es saber cómo almacenar los elementos básicos de análisis y ponerlos en práctica en el mundo real. Nadie será más fácil de psicoanalizar que usted mismo.

Ahora que ha recopilado información, es hora de ponerla en práctica en el exterior. Haga nuevos contactos. El origen oculto de algunas de sus inclinaciones también puede ser la fuente de las tendencias de otra persona. Aunque la situación exacta de cada persona es obviamente diferente, a menudo existen similitudes entre aquellos que tienen una relación positiva entre sí; se pueden observar parecidos tanto a un nivel más profundo como superficial.

Digamos, por ejemplo, que usted y un amigo tienen personalidades igual de agresivas. Usted realmente no se siente malintencionado o que está actuando agresivamente, pero la gente le acusa igualmente de alejar a las personas debido a su comportamiento. Aunque no se perciba como necesariamente agresivo o lo haga a propósito, le perciben como combativo y demasiado defensivo. ¿Por qué podría ser? Nota que la gente dice lo mismo de su amigo, y usted puede entenderlo. Entonces, si estos rasgos son evidentes tanto en usted como en su amigo, pero ambos están muy seguros de que no son personas secretamente malintencionadas o malvadas que quieren vengarse de quienes les rodean, ¿qué está pasando realmente?

Afortunadamente para usted y su amigo, esos rasgos no indican psicopatía o maldad. De hecho, a menudo ese comportamiento indica lo contrario; que está asustado y desnutrido emocionalmente.

Las personas que se muestran involuntariamente combativas, a la defensiva, tienden a buscar seguridad. Se sienten amenazadas por la situación que les rodea y entran en modo lucha o huida constantemente. Es por eso que les percibimos en guardia todo el tiempo. Pueden tener miedo de verse involucrados en una situación potencialmente aterradora o peligrosa, incluso si el contexto de su situación real no se ajusta a esa narrativa de eventos en absoluto.

Aunque existen causas probables diferentes de este tipo de comportamiento, la más común reside bajo el paraguas de un trauma pasado, una causa que aparecerá con mucha frecuencia si intenta interpretar a muchas clases diferentes de personas. Alguien que es demasiado defensivo y combativo suele simplemente tener miedo, ya sea miedo a la confrontación o ser emocionalmente vulnerable. Los detalles varían en función de cada persona y sus experiencias, pero esto solo sirve como un esquema general para este tipo específico de comportamiento. Aquellos que muestran este tipo de miedo oculto normalmente han sido heridos en el pasado, probablemente por alguien en quien confiaban y que les hirió de una forma emocional de la que nunca sanaron completamente. Es posible que el padre o la madre estuviesen ausentes de su vida o fuesen negligentes, fríos o, posiblemente, abusivos. El niño desarrollaría un anhelo inconsciente por ese tipo de vínculo parental que nunca recibió en casa. Sería privado de esa forma de amor y afecto y ahora lo buscan en su vida adulta a través de cualquier medio necesario.

Aplicando esta lógica al ejemplo de la agresión, es fácil deducir que usted y su amigo comparten sus tendencias combativas porque es posible que no se les haya enseñado a empatizar. Este tipo de comportamiento surge a menudo por la ausencia de una figura materna, en vez de una figura paterna. Aunque esto no se aplica a todos los hogares, la madre tiende a ser el progenitor que se encuentra más a menudo en el hogar con el niño, crea un vínculo con este, le da consejos cariñosos, etc. Cuando este tipo de trato enriquecedor no está presente en la vida de un niño, crece sin saber empatizar y generalmente se siente inseguro en el mundo y consigo mismo.

¡Ha descubierto lo que ocurre! Los humanos tienden a ser como un rompecabezas emocional, lleno de pruebas contextuales, giros y vueltas que finalmente le llevarán a una solución bastante complicada. No deje que las personas aparentemente complejas le desanimen a investigar. El objetivo del análisis es, idealmente, servir a las personas que le rodean ayudándoles a entender por qué sienten lo que sienten y cómo combatir los sentimientos negativos que albergan. Comprenda que usted, como amigo o conocido, no está destinado a reemplazar la ayuda profesional, pero cualquiera con un corazón lo suficientemente amable como para tratar de ayudar a alguien supone una ayuda significativa para aquellos emocionalmente necesitados.

Esto es, por supuesto, solo un ejemplo. No se puede aplicar a todos, incluso en ese escenario más específico de un individuo especialmente combativo. A veces, las personas combativas y defensivas crecen en hogares gentiles y amorosos, y desarrollan sus tendencias combativas a partir de otro evento completamente diferente. Esto es totalmente posible y no debe descartarse simplemente porque cree que conoce el razonamiento de una persona. El análisis psicológico no es una ciencia exacta. Es una buena manera de valorar por qué alguien siente lo que siente y de comenzar a comprender más sobre usted mismo y sobre las personas que le rodean.

El análisis es más preciso cuando se usa en uno mismo. Utilizar esta información sobre usted es una buena manera de obtener una idea de su persona y de por qué actúa de cierta manera o se expresa a través de cierto medio. Nuevamente, aunque en cierto modo no es una ciencia exacta, es una manera de realizar una introspección como probablemente no haya visto antes. Es una forma que le permite analizarse de una manera más espiritual y que le ayuda a estar en paz consigo mismo, ya sea a través de la comprensión personal o buscando ayuda externa para su lucha emocional.

Reiterar, analizar y comprender sus problemas o los problemas de otra persona no los solucionará. Lo único que realmente puede impulsar a un individuo a avanzar hacia la curación es la acción. Comprender que alguien actúa de manera combativa porque no se siente amado es un gran primer paso, pero reconocerlo no cambiará sus acciones. Lo que cambiará sus acciones es hacer que se sientan amados y apoyados, y que no se sientan solos.

Si usted o alguien que conoce experimenta pensamientos suicidas o pensamientos que justifican un miedo genuino por su seguridad o la seguridad de los demás, no es suficiente con actuar solo. Póngase en contacto con personal sanitario o con la policía si se encuentra en una situación en la que la vida o la seguridad de alguien están en riesgo. Repetimos, tomar medidas individualmente no es suficiente para protegerse a usted ni a los demás, sin importar cuánto le gustaría pensar que puede salvar a alguien por su cuenta. No juegue a ser el héroe. Consiga ayuda para usted o para esa persona si considera que está justificado.

Sin embargo, la introspección no es siempre un asunto tan serio. Como comentamos antes, también puede realizar una de sus pruebas de personalidad favoritas. Aprender sobre usted no es una experiencia sombría o aterradora, es enriquecedora y puede descubrir aspectos sobre sí mismo que quizás no haya entendido o se haya percatado en el pasado.

Por ejemplo, colóquese en lugar de alguien que muestra un comportamiento de distanciamiento. Es posible que no sienta ninguna motivación, sea obsesivo o combativo, y que esté demasiado a la defensiva. Reconoce que al leer este libro, y simplemente por experiencias pasadas, que el comportamiento de distanciamiento no surge de la nada. Si siente que puede estar causándole problemas a usted u otros, o simplemente desea saber de dónde podría surgir esta tendencia divergente, hágase las siguientes preguntas:

- ¿Siempre he actuado así? Si no, ¿cuándo comenzó?

- ¿Existen situaciones específicas en las que esta tendencia o hábito se descontrola? ¿Empeora por el estrés? ¿O cuando estoy cerca de grandes multitudes o ciertos tipos de personas? ¿Existe cierta persona o personas que lo desencadenan?
- Hágase preguntas respecto a su situación actual: ¿Está relacionado con sus finanzas, su vida personal, su trabajo, su estado emocional actual o su relación? ¿Alguna de estas cosas influyen en las tendencias o hábitos que puede haber notado?

Realice estas preguntas según corresponda, y otras que considere y que se adapten de forma más específica a su situación. Hacerse preguntas es una de las maneras más eficientes de almacenar información sobre usted. Una vez recabada, se puede aplicar a la mayoría de las personas que le rodean. Después de todo, sin importar la raíz de sus problemas, es probable que existan muchas personas a su alrededor que sufren de una manera muy similar a la suya.

En resumen, debe ser capaz de analizarse a sí mismo antes de poder analizar realmente a cualquier otra persona. Usted es la persona cuyos patrones y hábitos son más fáciles de predecir por sí mismo, así que ¡aprovéchelo! Convertirse en la rata de laboratorio de sus propios experimentos psicológicos es una manera adecuada de comprender mejor a los colegas que pueden actuar de manera similar a usted. Ser capaz de comprender su forma de actuar y la raíz de esos comportamientos es el primer paso y, sin duda, el más importante para poder leer y comprender mejor a los demás a un nivel profundamente psicológico y emocional.

Nunca experimente consigo mismo de una manera que pueda dañarle a usted o a otros. El motivo de analizar a las personas no es desmotivarlas o desarmarlas por el simple hecho de comprenderlas. Los individuos más ambiciosos del psicoanálisis y del análisis rápido de personas son los terapeutas y los trabajadores sociales, personas cuyo trabajo depende de su capacidad para ayudar y consolar a las personas que sienten emociones complejas o devastadoras. Comprenda que las emociones que siente no le deben dar miedo, no importa cuán intimidantes o abrumadoras puedan ser. Sus sentimientos son una parte vital de su identidad humana, así como de su identidad como individuo. Reconocerlo no debería ser intimidante; en todo caso, debería ser enriquecedor saber que ha tomado el control de sus emociones y, por lo tanto, ¡de su vida!

Sin embargo, aquellos que poseen una comprensión innata de las personas las observan a través de un microscopio, y las consideran como máquinas más que como personas con sentimientos. Aquellos que nunca tuvieron la oportunidad de entender lo que estaban observando por esa lente, simplemente adoptaron una forma cínica de pensar; la proporción entre individuos que tienen facilidad para leer a otros tiende a ser igual a la de cínicos y pesimistas en la actualidad. Teniendo esto en cuenta, intente avanzar mientras perfecciona sus habilidades. Recuerde que las personas que le rodean no son sus experimentos científicos; no son para que juegue o manipule a su voluntad con fines ocultos. Trate a los demás con el mismo respeto con el que desea ser tratado.

Puede que se pregunte de dónde surge esta personalidad con complejo de Dios. Esto sirve como una prueba a la capacidad de alguien para analizar a las personas que lo rodean. Digamos que sufre algo similar a este complejo de Dios. Tal vez sienta que, dado que puede analizar a otras personas, posee algún tipo de ventaja sobre ellas, un poder abrumador que solo usted puede ejercer a su voluntad sobre otras. Si esto es realmente cierto, o no, es irrelevante. Puede poseer una capacidad innata para comprender las emociones de otras personas, pero le cuesta comprender las suyas.

Este tipo de personalidad puede serle familiar, o puede que no. Incluso podría ser un reflejo exacto de su personalidad, o al menos de la imagen que presenta a los demás. Cuando la gente actúa de esta manera puede que intenten mantener algún tipo de apariencia, ya sea de ser superior o inteligente o simplemente de poder.

Una regla general a tener en cuenta al analizar o leer a las personas es que, como adultos, podemos anhelar algo que nos faltó severamente durante la infancia. Es por eso que muchas personas que son demasiado agobiantes o afectuosas terminan desmotivadas emocionalmente. Pueden alejar fácilmente a otros sin querer o incluso sin saber que lo han hecho. Esto puede convertirse en un ciclo vicioso de desesperación, un ciclo que resulta extremadamente difícil de superar cuando se trata de alguien que no es consciente del problema, incluso al nivel más básico.

Entonces, si usted o alguien que conoce muestra signos o patrones problemáticos del comportamiento, ¿qué se puede hacer para prevenirlo o detenerlo? Superar un complejo de personalidad puede ser especialmente arduo. Cuando alguien tiene una personalidad narcisista o suele centrarse en sí mismo, puede tener dificultades para afrontar que tiene un problema. Al igual que el estereotipo común adicto a las drogas, se considera como la víctima y no logra concebir que sea él mismo el responsable. Una vez esta lógica se apodera de la persona, tal vez sea imposible su recuperación.

Este rasgo es común en personas que padecen un trastorno de personalidad, como el trastorno de personalidad antisocial, un trastorno en el que el paciente siente poco o ningún remordimiento o tristeza por sus acciones, y le resulta imposible empatizar, y mucho menos simpatizar con los demás. El trastorno narcisista de la personalidad, o NPD (por sus siglas en inglés), se caracteriza por la obsesión de conservar su imagen social a través del poder, las apariencias, el dinero, el materialismo, además de un ego extremadamente frágil. Estos trastornos son relativamente poco comunes en la población general, pero los rasgos son más comunes de lo que nos gustaría imaginar.

Si los síntomas están tan extendidos, ¿cómo es que las personas con tendencias narcisistas y aflicciones similares no obtienen la ayuda que claramente necesitan? Las leyes de consentimiento actúan sobre quién recibe ayuda. Las personas que consideran que no necesitan buscar ayuda no pueden recibir ayuda forzosa a menos que suponga un peligro confirmado para sí mismos o para la sociedad. Si la persona es menor de edad, es posible que un familiar o tutor lo decida.

Si desea ayudar a alguien a obtener la atención que necesita sin discutir, tome en cuenta que puede sentir la necesidad de reafirmar su dominio en todo momento, incluso sobre sí mismos, para mantener el control. Puede parecer seguro de sí, pero por lo general no es particularmente difícil derrotar a alguien. *Derrotar* no es exactamente el método de referencia cuando trata con un egocéntrico. Cuando se le demuestra de una manera irrefutable que está equivocado, puede que se cierre en definitiva, discuta sin sentido, o incluso se vuelva volátil o peligroso. Tome esto en cuenta al tratar con alguien de esta naturaleza.

En general, las personas que sienten la necesidad de reafirmar constantemente su autoridad (que pueden que posean o no) necesitan que les repriman lenta y tranquilamente de su eufórico comportamiento delirante. Reafirmar su falso poder o autoridad puede ser el equivalente a una subida de azúcar desmesurada, por lo que cortar rápidamente el torrente de dopamina del individuo podría provocar un síndrome de abstinencia emocional. Pueden que simplemente estén acostumbrados a sentir cómo dominan a una persona o un grupo. Por lo general necesitarán acostumbrarse a un nivel normal, al igual que alguien con una adicción física.

Ahora que está equipado con las herramientas necesarias para evaluarse psicológicamente, así como los conceptos básicos para evaluar a los demás, profundicemos en el procesador central de la psique humana para obtener un entendimiento más completo del análisis de personas.

Capítulo Cuatro: El Lenguaje del Cuerpo Humano

Quizás el tema más fascinante cuando se trata del psicoanálisis es el lenguaje corporal y otras señales físicas que se pueden detectar al descifrar a alguien. Incluso si carece de los conocimientos básicos necesarios para leer a una persona, no la conoce lo suficientemente bien como para obtener una descripción precisa de sus comportamientos, o no es apto a la hora de captar las señales más sutiles; leer el lenguaje corporal de alguien es, tal vez, la forma más fácil, rápida y sigilosa de comenzar a entender a otras personas.

Los individuos neurotípicos, es decir, aquellos que no entran en el espectro del autismo, poseen una comprensión innata, aparentemente integrada, de cómo gesticulan las personas y qué puede significar en el contexto de la sociedad y en la interacción con los demás. Sin saberlo, creamos este depósito de información desde el momento en que comenzamos a comprender imágenes, desde observar a nuestros padres hasta desconocidos en cualquier lugar, incluso cuando somos bebés o niños pequeños. Esta predisposición nos lleva a nuestras fases adultas en la vida, donde albergamos una biblioteca de conocimiento sobre las señales físicas y el lenguaje corporal de las personas; una base de datos que muchos de nosotros ni siquiera sabíamos que teníamos.

Por supuesto, para comenzar a analizar el lenguaje corporal, primero tenemos que hablar sobre el cuerpo como un todo. Cuando alguien entabla una conversación y dirige todo su cuerpo hacia una persona, establece contacto visual directo y frecuente y, como norma general es receptivo, es probable que el individuo confíe en la persona con quien está conversando. También puede ser que se sienta seguro en ese entorno y de sí mismo. Alguien que se encuentra físicamente cerrado y que carece de expresividad y emoción en su voz y postura, puede sentirse inseguro o incómodo con la otra persona o con la ubicación. Por supuesto, estos son dos extremos en el amplio y profundo espectro del lenguaje corporal, la postura y el tono.

Una señal reveladora de cómo se siente una persona es la posición de sus brazos. Percatarse de ello sin mirar fijamente a la persona o parecer sospechoso puede ser útil. La forma en que se colocan los brazos de alguien puede indicarle mucho sobre la manera en que una persona percibe su situación actual. Una forma física de defendernos de un peligro potencial es usar nuestros brazos. Cuando cae hacia adelante, ¿cómo intenta detenerse instintivamente? Es probable que con sus brazos. Teniendo esto en cuenta, existen muchas maneras en las que la posición del brazo de una persona puede indicar su estado de ánimo, personalidad general y otros aspectos sobre sí misma:

- Brazos a los lados: Esta es obviamente una postura neutral. Lo que indica depende en gran medida del contexto de lo que comunica el resto del cuerpo. Otra revelación involuntaria que agrega contexto a esta postura es el resto de posturas que adopta esa persona. Por ejemplo, si una persona coloca sus brazos a los costados, y de vez en cuando los cambia a sus bolsillos o algo similar, es probable que sea una señal de informalidad y que, en general, se siente relajada. Sin embargo, si cambia rápidamente entre esta posición aparentemente neutral a colocar sus manos a su regazo o sus bolsillos, puede estar impaciente. También puede indicar, simplemente, que está en un lugar o posición donde se espera que actúe formalmente, especialmente si normalmente no actuaría de esta manera. Estas reglas no son exactas, pero se pueden aplicar a la mayoría.

- Brazos cruzados: Esta suele ser una señal reveladora de que una persona está a la defensiva, o se siente atacada. Por lo general, esta posición la adopta alguien que es inseguro o no está conforme con su situación y busca sentirse en control. También puede ser un simple estado neutral o relajado: algunos simplemente colocan sus brazos de esta manera por costumbre o porque desconocen qué hacer con sus brazos. De nuevo, confíe en otras claves contextuales y señales del lenguaje corporal para analizar la situación.

- Frotarse el cuello o la cara: Alguien que frota repetidamente el cuello o la cara puede estar ansioso, como si estuviera indefenso o quisiese recuperar el control de la situación. Un gesto similar a tener en cuenta es frotar el lateral del dedo índice con el pulgar con la mano como un puño. Algunas veces, las personas usan este gesto cuando necesitan consolarse. Una vez más, estas cosas pueden ser tics nerviosos sin mayor importancia y no están directamente relacionadas con un suceso actual. Ninguna situación es igual, tome en cuenta el contexto.

Otra parte del cuerpo que es mucho más sutil, pero que sigue siendo una revelación involuntaria definitiva del comportamiento de una persona, es la posición de sus pies. Por ejemplo, digamos que usted estuvo en una fiesta y observó a tres personas conversando sobre algo. La primera persona tiene un pie apuntando en la dirección general de los otros dos participantes en la conversación. La segunda apunta sus pies hacia sus interlocutores, lo que indica que está prestando toda su atención a los dos. La tercera persona, sin embargo, tiene ambos pies apuntando hacia una persona, en vez de uno hacia cada individuo. Esto indica que, en realidad, no está prestando atención total a ambas personas, sino que solo está prestando realmente atención a uno de los otros participantes.

Por citar otro ejemplo, si observa a alguien de pie en un mostrador, ya sea para registrarse en un hotel o para ordenar café, la dirección en la que apunta su pie indica, probablemente, en qué dirección va a dar el siguiente paso. Aunque la posición de alguien pueda parecer demasiado sutil o intrascendente, esta indica pequeños detalles que conforman una imagen completa del lenguaje corporal de una persona.

Algo más a tener en cuenta con respecto a los gestos corporales es la forma en que una persona reacciona físicamente. Es necesario prestar atención a una forma más amplia en cómo se expresa un individuo, se mueve y se comporta en general. Por ejemplo, alguien que asiente o mueve la cabeza mientras escucha una conversación generalmente muestra atención. Sin embargo, el contexto real de este comportamiento puede depender de una persona a otra, especialmente en cómo se sienten respecto a la persona con la que están conversando. Una persona que muestra signos claros de sumisión frente a alguien en una posición de autoridad o alguien a quien respeta, venera o incluso teme, puede que busque obtener la aprobación de esa persona. Pueden estar simulando una imagen de compañerismo para congeniar con la otra persona, aunque no sean conscientes de ello.

Alguien que está encorvado o relativamente alejado de su interlocutor puede hacerlo por ansiedad o miedo. Por el contrario, alguien cuya postura natural es encorvada, sin ser causa del efecto de otra persona, puede parecer sospechoso, pero que en realidad se trata de una persona ansiosa y muy insegura.

Esto nos lleva a las diferentes máscaras del comportamiento humano y cómo cada persona se presenta a través de su comportamiento. La forma en la que se presenten dependerá en gran medida de sus antecedentes, la fuente real de su inseguridad, el tipo de entorno en el que se criaron y, a veces, puede depender, al menos parcialmente, de la genética. Alguien que se desarrolló en un entorno donde se reprendía por mostrar debilidad, probablemente se convertirá en un adolescente y posteriormente en un adulto que no expresa emociones. Si cuando era un niño, le hicieron sentirse inferior o débil por actuar emocionalmente vulnerable o empático, puede que también sea incapaz de responder adecuadamente en situaciones emocionales. Debido a que no tiene una imagen saludable real de empatía y fuerza, casi siempre tratará a los demás de la forma en la que le trataron en su infancia. Estas personas son quienes lo criticarán por acercarse a otros y tratarán activamente de avergonzarle por mostrar intereses o sentimientos genuinos. Pueden beneficiarse enormemente de las interacciones terapéuticas donde les introduzcan a los procesos de derribar sus muros metafóricos y abrirse emocionalmente a las personas en las que confían. Sin embargo, el tener confianza puede ser un concepto desconocido para las personas de las que han abusado o han sido abandonados emocionalmente en el pasado, ya sea por un abuso ocurrido durante la infancia o no.

Otras personas que no se sienten seguras de sí mismas pueden mostrarlo de una manera más evidente. Es posible que nunca hayan tenido una red de apoyo de amigos o familiares para enseñarles cómo hacer frente al mundo y a las personas que los rodean. Pueden verse a sí mismos como demasiado emocionales o vulnerables en comparación con sus compañeros. Estarán cerrados emocional y físicamente a sí mismos y al mundo también. Así mismo se encontrarán en una especie de estado de muerte emocional, incapaces de manejar sus emociones porque nunca se les enseñó cómo comunicárselas a los demás y tratarlas de manera segura y saludable. Estos no son los rasgos de un niño maltratado, sino de un niño abandonado; un niño que nunca fue apreciado, ni consolado y probablemente tampoco apoyado. Idealmente, estos individuos deberían estar expuestos a algún tipo de terapia o ayuda externa, pero para algunos es inalcanzable durante al menos algún tiempo. Estas personas necesitan que se les muestre amor y compasión. Por lo general, es mucho más difícil trabajar con alguien que está emocionalmente cerrado y que además no reconoce que tiene un problema. Esto reafirma el tema de las personas que poseen una perspectiva centrada en sí mismas, por lo que no saben cómo comunicarse con los demás y y carecen de la intención de aprender a hacerlo.

La inseguridad es a menudo la raíz del comportamiento más divergente; aunque muchos pueden etiquetarse como divergentes o típicos, dependiendo de la perspectiva. La inseguridad es una fuente profunda de comportamiento desconocido e incómodo en la sociedad actual. ¿Por qué sucede?

La inseguridad se encuentra arraigada en nuestros cerebros. Desde nuestros padres que nos presionan para obtener buenas notas hasta todas las malas noticias que oímos a diario, la confianza en nuestras habilidades, en nuestro rango, en nuestro lugar en el mundo, sufre más que nunca. Se ha convertido en una epidemia en todos los grupos demográficos, aunque está mucho más extendido en las personas más jóvenes. ¿Qué podemos hacer para combatir esta inseguridad? ¿Por qué parece surgir más ahora que en el pasado? ¿Realmente ha cambiado tanto la forma en que realizamos nuestras rutinas diarias?

La respuesta no es tan simple como parece, ya que las generaciones anteriores se desarrollaron bajo las máximas de mostrar obstinación y una imbatible confianza. Esta nueva generación ha aprendido a mostrar sus sentimientos y temores en vez de ocultarlos como sus padres y sus abuelos. Es una generación joven y brillante que nunca tuvo las mismas enseñanzas obstinadas. Actualmente vivimos en un momento repleto de pasión y confusión, donde la gente lucha activamente por no tener restricciones.

Para volver al tema del lenguaje corporal y otras cuestiones físicas sutiles de la psique humana, analicemos el tono de voz. El tono de la voz de una persona puede representar fielmente la vida de una persona. Con el equipo adecuado y un profesional, incluso se puede averiguar la estatura de una persona y algunos atributos físicos, simplemente por su voz.

Escuchar la conversación de alguien puede parecer moralmente cuestionable, pero escuchar atentamente a alguien con quien está conversando puede brindarle una mayor comprensión sobre su percepción y lo que sabe de esa persona.

Supongamos que conoce a alguien que parece extrovertido, vivaz, animado, una persona que demuestra confianza hasta el punto de la arrogancia. Y, sin embargo, habla interrumpidamente constantemente. No nos referimos a un tartamudeo u otro trastorno del habla; ya que esto se encuentra fuera del control del individuo.

En cambio esta persona simplemente se detiene en cada oración. Es difícil comprender por qué continúa expresando confianza y entusiasmo. Puede ser porque mantiene el semblante de alguien que sabe de lo que habla y más aún, que sabe cómo demostrarlo. Y aun así, se detiene.

Entonces, ¿qué está pasando? Volvemos a la inseguridad humana y la gran epidemia en la que se ha convertido hoy en día todo el mundo. Muchas personas que adoptan una máscara son personas normales que carecen de un sistema de apoyo, de motivación o simplemente de dirección y orientación para construir su confianza de forma natural. Debido a esto, mucha gente adopta una mentalidad en la que fingen lo que quieren hasta conseguirlo, y simplemente simulan su confianza en lugar de tenerla. Esto es más simple que descubrir cómo deshacerse de sus inseguridades y tiene relativamente el mismo efecto que su verdadero yo tiene en la sociedad. Aunque este tipo de mecanismo de defensa y superación es digno de cierta admiración, muchos lo utilizan en algún momento de sus vidas mientras aprenden a centrarse emocionalmente. Sin embargo, ser capaz de lograrlo requiere no solo el esfuerzo de fingir lo que se desea, sino que también requiere mucho tiempo, energía y compromiso para que esa simulación se transforme en realidad.

Es común no entender este concepto o, por lo menos, lo suficientemente bien como para aplicarlo a su vida de manera consistente, por lo que es sencillo acabar en un bucle interminable durante mucho tiempo. Puede estar fingiendo completamente y escondiéndose tras una máscara con la esperanza de que le perciban como una persona competente, extrovertida y capaz.

Nuevamente, como muchos tipos de comportamiento, esconderse tras una apariencia casi siempre se relaciona con un miedo paralizante a la soledad, el abandono o, sobre todo, un miedo a parecer débil. Estos temores son comunes, especialmente entre los jóvenes de la actualidad que temen mostrarse emocionalmente débiles frente a las personas que veneran o admiran.

En cualquier caso, esta persona se detiene al hablar, lo que indica que tal vez esa confianza que irradia no es tan genuina después de todo. Es muy posible que se trate de una apariencia que intenta conservar. El lenguaje corporal es un poco más fácil de forzar y controlar que su voz. Por natural que sea la forma en la que nos comportamos, es sencillo controlar la postura del cuerpo cuando se encuentra cerca de otros. Sin embargo, su voz es mucho más natural y se mueve libremente a través de usted, por lo que puede ser más difícil mantenerla bajo control sin que parezca forzada. Detenerse al hablar puede transmitir una incertidumbre constante respecto a sus decisiones u opiniones, lo cual es un claro indicio de que la persona que habla es bastante insegura de sí misma, sin importar cómo su postura o "personalidad" se manifiesta públicamente.

Esto nos lleva a otro aspecto breve, pero relevante, sobre algunas cuestiones sociológicas que revisaremos acerca de las generaciones actuales y pasadas. La personalidad de un ser humano es mucho más fluida de lo que se piensa.

En el antiguo folclore japonés, se decía que tenemos tres personalidades, o "caras". La primera era nuestra cara pública, la forma en la que nos presentamos al mundo y a nuestros conocidos. La segunda cara era un poco más "verdadera", la personalidad que mostramos a nuestros seres queridos, nuestros amigos y familiares particularmente cercanos. Esta también se consideraba como la máscara que llevamos con nuestra pareja. La tercera cara era la más íntima: la máscara del yo. Esta es la personalidad que nunca podía ver nadie más en el mundo, excepto su portador. Esta máscara es la que se dice que permanece cuando se despoja de las otras dos máscaras, por así decirlo. Lo que nos queda es el verdadero yo.

Aunque un poco anticuado, puede ser que el *shogun* y el samurái tuvieran cierta razón. Puede que alguna vez en su vida escuche que alguien se siente tan consumido por estas "máscaras" que le muestran al mundo y a sus seres queridos, que cuando se las quitan, se siente desnudos. Es posible que les parezca que no tienen una personalidad notable fuera de lo que muestran a los demás, lo que muestran al mundo.

Lo anterior muestra claridad sobre cómo hemos cambiado a lo largo de los años. Si actualmente está leyendo este libro y tiene menos de 35 años, puede que se identifique con esta sensación de estar tan fuera de lugar consigo mismo que al estar solo sin nadie más a su alrededor, sienta que no hay nada más. Como si no hubiera un verdadero "yo". ¿Quién es usted sin las distracciones de su rutina diaria, la rutina en la que tanta gente se siente irreversiblemente atrapada?

Dejarlo de lado; muchos se sienten fuera de contacto con su "yo" porque no practican la autoreflexión en su tiempo libre. Esto nos lleva a nuestro tema anterior sobre la falta de fiabilidad de las pruebas de personalidad. No nos preparan para situaciones en las que inevitablemente tenemos que observarnos a nosotros mismos de forma objetiva y comprendernos de una manera que nos ayude a conectar con nosotros mismos y con quienes nos rodean. Sin esa práctica, la orientación innecesaria de otras fuentes y terceros actúan como una muleta emocional. Nos permite escapar del incómodo proceso de la búsqueda personal y aceptar nuestros defectos como personas. Sabiendo esto, continuemos para comprender mejor las profundidades del psicoanálisis y cómo mejorar sus habilidades.

Capítulo Cinco: Lo que guardamos dentro

Los psicólogos y sociólogos del comportamiento a menudo discuten sobre el origen de la naturaleza humana. Algunos piensan que los humanos no son inherentemente buenos o malos, sino que nacemos con ciertas características, simplemente por genética. El debate sobre cómo aprenden los humanos a tomar decisiones es tan vasto como los océanos.

Algunas teorías defienden que los humanos son malintencionados per se, obligados a realizar actos despiadados simplemente por un capricho momentáneo y fugaz. Nadie hace algo "malo" simplemente por capricho. Siempre hay un significado detrás de cada acción.

Existe algún tipo de motivación detrás de una acción despiadada de cada hombre, sin importar cuán aleatoria o maliciosa pueda parecer. El odio de Hitler por los judíos no surgió hasta que fue excluido de la escuela de arte de su interés, ya que uno de los profesores de la junta que lo vetó resultó ser judío. Esto, obviamente, es un ejemplo extremo.

¿Por qué cree que cuando era pequeño, insistían constantemente en las sesiones contra el acoso escolar que los acosadores también son personas frágiles y dolidas? Es importante tenerlo en cuenta cada día de nuestra vida. Tómese un momento para pensar en su rutina diaria y asimilarla, entendiendo que las personas que lo rodean viven sus propias vidas, navegando por caminos muy similares a los suyos.

Quizás no se sienten estancados en absoluto; pueden estar increíblemente satisfechos con su situación, felices con sus amigos, su trabajo y su pareja. Tienen sueños, aspiraciones, miedos y esperanzas sobre las que meditan a diario. Los humanos somos animales de manada, animales sociales y, sin embargo, no reconocemos que nuestros compañeros sufren y prosperan casi de la misma manera que nosotros. Estamos viviendo junto a ellos, incluso imitándolos, pero con demasiada frecuencia no nos percatamos porque estamos muy concentrados en nuestros propios problemas. Esta es la insensatez del hombre egocéntrico.

Otras teorías sugieren que somos buenos por naturaleza. Según este punto de vista, no importa qué acto atroz cometamos o de qué delito seamos culpables o admitamos, siempre volveremos al bien.

Somos caóticos por naturaleza. No somos lo suficientemente simples como para ser simplemente buenos o malos. Es posible que nos encontremos cruzando entre uno y otro lado a menudo, y normalmente nos desviamos en algún momento mientras existimos caóticamente. Solemos vivir en el caos que se disfraza de paz y orden.

Existe un defecto en la pregunta sin respuesta de si los humanos son buenos o malos. Como no somos ni tan buenos ni tan malos de una manera radical, pero siempre tenemos la oportunidad de serlo, es probable que siempre terminemos en algún punto intermedio. El problema con esta perspectiva es que la cuestión asume que cada persona en la tierra comparte exactamente las mismas definiciones de "bien" y "mal". Para decir que solo existe una definición absoluta en el mundo tendríamos que excluir a las comunidades que están fuera de la perspectiva de la persona que formula la pregunta. Aunque es una buena idea, en última instancia, no es realista esperar que las culturas de todo el mundo siempre estén de acuerdo. Por lo tanto, el bien y el mal se convierte en una escala.

Aunque este tema parezca profundo para un libro acerca de aprender a leer a las personas y su lenguaje corporal, nos ayuda a comprender lo que nos une a todos para así entender y descifrar mejor a las personas. Aunque nuestras diferencias a menudo nos dividen en gran medida, nuestras similitudes las superan con creces.

Tomemos, por ejemplo, a alguien que conoce a un colega o un amigo de un amigo, con quien simplemente no se lleva bien. Por alguna razón, existe algo que no termina de encajar, aunque no puede entender el qué. Y, aún así, se mantiene alejado de cualquier manera.

Esto puede ser porque está reflejando sus propias diferencias personales respecto a esta persona. Intente prestar atención a sus cualidades positivas. En las relaciones románticas, la diferencia entre estar enamorado y desenamorarse de alguien se basa en lo cerca que presta atención a sus cualidades positivas. Cuando se desenamora de alguien de quien una vez pensó que era inseparable, es probable que haya dejado de tomarse el tiempo para reconocer todo lo bueno que hace. Está tan acostumbrado a lo bueno, que lo malo se vuelve más notorio. Es muy parecido en las relaciones no sentimentales. Debemos buscar conscientemente lo bueno en otras personas en lugar de esperar automáticamente lo peor.

Para conservar una relación adecuada, o al menos más estable con esa persona, debe hacer el esfuerzo de reconocer sus similitudes. Observe cualquier rasgo que puedan tener en común, ya sea algo superficial como pecas en el mismo lugar del cuerpo o la inusual forma en la que ambos juegan con su comida. Puede parecer que estos factores no importan respecto al todo, pero cuestiones como estas son las que construyen amistades y relaciones. Esta lógica también se puede aplicar para ayudar en los problemas matrimoniales.

No son tan diferentes el uno del otro después de todo. De hecho, somos mucho más parecidos de lo que pensamos. Somos capaces de percibir el lenguaje corporal e interpretarlo internamente sin percatarnos de que lo hacemos. Un dato interesante sobre el lenguaje corporal: cuando estamos con alguien, intentamos instintivamente replicar su lenguaje corporal y su postura. Este efecto se llama "reflejo" y es lo que nos ayuda a relacionarnos mejor con los demás. Es una especie de dispositivo integrado para hacer amigos. Estamos ligados a que nos agraden las personas que encontramos similares a nosotros. Como animales de manada, nos agrada reflejarnos como algo similar a la multitud en la que nos encontramos para sentirnos más aceptados por ese grupo. Tiene sentido querer encajar, incluso desde una perspectiva primaria. Lo que nos lleva a otro de los aspectos más misteriosos de la motivación y el comportamiento humano: la desesperación por sentirse querido y parte de un grupo.

En parte, la necesidad de pertenencia a un grupo en particular probablemente se deba al hambre de la sociedad moderna por cumplir los sueños idealizados y poco prácticos que adquirimos de los medios. El concepto de una "vida perfecta" ha estado tan profundamente arraigado en nosotros que se convierte en una fuerza impulsora tras la adicción de algunas personas por sentirse incluidas.

Seamos realistas, pertenecer a un grupo de personas es agradable. Las personas que se cuidan mutuamente pueden trabajar para lograr un objetivo común y ayudarse conjuntamente. Puede que no siempre sea lo que esperamos, y puede llevar más trabajo del que anticipamos, pero siempre será mejor.

Comprender estas dificultades puede ser abrumador para algunos jóvenes idealistas. La realización de que no todos siempre encuentran un final feliz es a veces demasiado duro para algunas personas.

Comprendernos internamente es posible. Y es probable que de ello obtengamos cierta perspectiva y usemos esa información para conseguir ser mejores personas. Las situaciones idealistas y los finales perfectos requieren cierta suerte junto con ellos. La suerte a veces puede parecerse mucho al trabajo duro. Tampoco tenemos que descubrir todo de una vez. Producir resultados para toda la vida llevará tiempo.

La desesperación y el cinismo con respecto a un objetivo que no se satisface pueden mostrar los extremos insensatos que las personas harán para alcanzar sus propios deseos. Puede notar que esto es increíblemente egoísta, y tendría razón. También podría pensar para sí mismo que esta es la imagen de una mala persona. ¿Es su versión de "mal" igual a la de la persona que experimenta la situación negativa que usted está observando como un tercero?

El egoísmo es un rasgo inherentemente humano. Sin la sensibilidad y el impulso para lograr los objetivos que desea, nunca llegaría a ningún lugar en la vida, aunque usted no fuera egoísta. Con demasiada frecuencia tenemos un prejuicio sobre el egoísmo de que las personas que lo exhiben son malas. Esto también es una falsa pretensión.

Tenemos este prejuicio porque cuando pensamos en alguien que es egoísta, a menudo pensamos en alguien que comete un crimen atroz o utiliza a las personas que lo rodean para sus propios fines enfermos y crueles. En realidad, todos somos egoístas todos los días de nuestras vidas. Parece que tenemos dificultades para aceptar nuestro propio egoísmo.

Quizás eso se deba al concepto de "egoísta es igual a mal" que hemos alojado en nuestras mentes. Todos somos egoístas. El egoísmo generalmente no se presenta en la forma de un jefe cruel y despiadado que dispone de trabajadores como si fueran basura. No, el egoísmo se presenta en pequeñas decisiones diarias, así como en opciones de vida impactantes. El egoísmo puede afirmar: "Voy a ponerme la máscara de rescate primero para poder ayudarlo de manera efectiva". Puede afirmar: "Quiero la pizza más grande, así puedo compartirla con alguien a mi lado". El egoísmo puede presentarse de maneras que pueden ser confusas para aquellos que no son los que toman la decisión que causa la acción del egoísmo.

El egoísmo muestra su cara más amable de formas mundanas e inofensivas, pero sigue siendo demasiado. Está priorizando a usted mismo sobre cualquier otra cosa, a veces simplemente por capricho. Por lo general, aunque podemos percibirlo como tal, esto no es realmente tan malo. Es algo que también está arraigado en nosotros desde que éramos criaturas prehistóricas, tropezando y gritándole al fuego y a cualquier otra cosa que pudiera representar algún tipo de amenaza para nosotros. Desde esos días, hemos conservado un sentido de egocentrismo, convirtiéndonos en nuestra primera prioridad porque, de no ser así, probablemente hubiéramos sido eliminados por alguna fuerza desconocida hace mucho tiempo.

Entonces, ¿lo entiende?, esa culpa que siente cuando hace algo por usted mismo es realmente injustificada. Es posible que hayamos sido entrenados para sentirnos mal por sentir los impulsos humanos porque son solo eso: impulsos. Pueden ser increíblemente únicos para la experiencia de cada persona, algo que a nuestra sociedad prefiere irónicamente tratar de rechazar. Por supuesto, sabemos perfectamente que eliminar la singularidad del hombre elimina su identidad, algo que quizá en estos días la humanidad ya parece perpetuar.

Considerar estos y otros aspectos de una persona esencialmente las convertirá en una especie de vegetal emocional; alguien despojado de su individualidad. Cuando trazamos exactamente la línea entre lo que es natural para la humanidad en un nivel aceptable y lo que es malo e inherentemente inaceptable, varía completamente de persona a persona. Aceptar que el bien y el mal coexisten es quizás la parte más crucial para dar un paso atrás y mirar a la sociedad como una entidad completa.

Para comprender mejor la naturaleza de las personas como un grupo completo, analicemos rápidamente un curso intensivo de sociología, el estudio de cómo las personas, y grupos más extensos, se unen para formar una sociedad caótica y al mismo tiempo muy ordenada e inmaculada. Existen, para principiantes en el tema, tres teorías sociológicas de enfoque, también conocidas como paradigmas sociológicos:

- Funcionalismo estructural: Esto es, en resumen, la teoría más básica y la teoría más ampliamente aceptada por las personas optimistas como podrá ver a lo largo de su vida. El funcionalismo estructural básicamente señala que tal vez la razón por la cual la sociedad sigue en pie es que es necesario conservar el orden para que no todos entremos en un tipo de caos apocalíptico. Dicta que la sociedad funciona como una máquina particularmente lubricada. Solo tiene un fallo de vez en cuando, tal y como ocurre con la mayoría de las máquinas, y diferentes partes de la sociedad, es decir, diferentes grupos, inevitablemente se unirán para crear esta máquina. También dicta que todas las instituciones que las sociedades tienen en funcionamiento, como las escuelas, sirven tanto para un propósito obvio, para lo que fueron construidas, como para un propósito latente, uno que solo surgió en la institución después de su construcción y puesta en práctica, algo que solo ocurre como un efecto secundario.

- Teoría del conflicto social: Esta teoría se ha vuelto un poco más reconocida con el tiempo y originalmente fue propuesta por el famoso sociólogo y filósofo, y comunista más conocido, Karl Marx. La teoría del conflicto social básicamente afirma que, en realidad, la única razón por la que la sociedad todavía está unida es que el mundo es, en cierto sentido, un conjunto masivo de grupos de todos los orígenes que luchan para conservar su poder o para tomar el poder de otra persona. Marx esencialmente imaginó el mundo y sus diversas sociedades como diferentes campos de batalla donde todos los grupos marginados del mundo luchaban contra los grupos más privilegiados. Dado que actualmente vivimos en una época de conflicto racial evidente, tiene sentido que esta teoría, en particular, se establezca. Se opone la teoría de la máquina lubricada, en cierto modo. Toma la idea de que todos estamos obligados a trabajar en armonía y lo tira por la ventana, en lugar de establecer seguridad sobre todo el conflicto constante y el derramamiento de sangre que ocurre en el mundo. Realmente, si estamos destinados a ser una máquina lubricada, y esa máquina supuestamente funciona correctamente la mayor parte del tiempo, entonces, ¿cómo llamaría a nuestra actualidad? ¿Cómo comenzaría a tratar de explicar el odio, la violencia y las atrocidades que ocurren todos los días debajo de la capa superior de esa máquina?

- Interaccionismo simbólico: Esta es la teoría que opera completamente por separado de las otras dos anteriores, en su mayor parte. Desarrollada en un momento posterior, la teoría del interaccionismo simbólico se centró en menor medida en el panorama general de la sociedad, los grandes grupos que interactúan y se enfocó en las micro interacciones del mundo, como un individuo trata a otra persona. Esta teoría propuso una idea que no se basa en la amplitud de un grupo o la escala de la sociedad para explicarse. La teoría señala, en resumen, que no existen verdades absolutas en el mundo. Que, para dar sentido a cualquier cosa en la tierra, tenemos que separarnos individualmente y encontrar nuestro propio significado para todo lo que vemos. Los hechos innegables no consiguen explicar la mayoría de los acontecimientos del mundo. Explican en menor medida sobre el mundo las suposiciones sin ningún hecho en absoluto. Quizás es por eso que muchas personas actúan de la manera en que lo hacen, haciendo suposiciones sin fundamento basadas en rumores y no en hechos reales que hayan aprendido de fuentes fiables. Sin embargo, para comprender esos hechos, tenemos que interactuar a nivel individual y comprender qué es lo que ese hecho en realidad nos indica. Es por eso que, en algunas sociedades, el símbolo de la mano para "O.K." es en realidad un gesto increíblemente rudo. También es la razón por la que todos interpretamos la prueba de manchas de tinta de Rorschach de manera muy diferente entre sí. Por ejemplo, todos estamos de acuerdo en que un apretón de manos simboliza algo muy básico: un saludo. Un apretón de manos solo indica eso porque la abrumadora mayoría de la sociedad dicta que así sea. Entendemos que levantar solo el dedo medio hacia alguien es increíblemente ofensivo y grosero porque, en su mayor parte, todos estamos de acuerdo en que esto es simplemente lo que significa ese gesto. Pocas personas entienden los significados originales detrás de los gestos que los humanos a veces usan para transmitir significado. El significado, o más bien la connotación, de algo tiene que haber llegado a una conclusión entre muchas personas diferentes para que el gesto, palabra, símbolo, frase, etc., pudiera convertirse en una entidad universalmente reconocida en toda esa sociedad en particular.

Todos estos paradigmas sociológicos se unen para, esencialmente, mostrarnos una verdad prácticamente innegable sobre nosotros, sobre el mundo y sobre los sociólogos.

Estamos absolutamente desesperados por entendernos a nosotros mismos, hasta el punto de desechar todo lo que nos hayan enseñado durante la infancia y más tarde en la edad adulta por el simple hecho de descubrir la verdad "correcta".

Como mencionamos brevemente al comienzo de este libro, la mayoría de las personas tienen algún tipo de impulso primario, un deseo o la necesidad de obtener conocimiento. Notamos que era más que probable que esta necesidad se basara en la satisfacción de comprendernos a nosotros mismos, lo cual, por sí solo, ciertamente no es un rasgo dañino, egoísta o malintencionado. En todo caso, es más una virtud que un vicio o cualquier otra cosa. Muchas personas se identifican con esta búsqueda interminable de la máxima comprensión de todo lo que se puede saber, y con esa búsqueda del conocimiento se une al hombre.

Todavía no hemos tocado otra base de esta intensa necesidad de entender. A veces, no es tanto la comprensión lo que nos satisface, sino que lo que nos satisface es el conocimiento de que estamos irrevocablemente en lo cierto sobre los demás.

Debido a que nosotros, como seres humanos, especialmente en una sociedad más moderna, estamos cada vez más cohibidos e inseguros con nuestras habilidades, estamos luchando constantemente para ocupar las brechas de confianza que las personas que nos rodean, nuestros mentores y nuestros guías y hasta nosotros mismos, hemos dejado vacías. Al completar estos vacíos, estamos satisfaciendo una de nuestras necesidades más profundamente instituidas como humanos: la necesidad y el anhelo de autovalidación. Esta necesidad nos impulsa, no solo hacia el conocimiento, sino a través de otros caminos para lograr nuestros objetivos. Esto puede ser a través del servicio a otros para conseguir elogios y validación, o como Emmett, de quien hablamos anteriormente, induciendo emocionalmente un ciclo de afecto verbal y emocional para que pueda beneficiarse del ciclo por sí mismo. Parece un poco egoísta, ¿no es así?

Cuando andamos por el camino de buscar lagunas en nuestro conocimiento a través de la obtención de inteligencia, a menudo posee algún subproducto positivo, ya sea que planea usarlo para validarlo o no. Incluso si solo busca algo para demostrar que un rival está equivocado o gana un debate, terminará habiendo aprendido más sobre el tema que cuando empezó. Si la función principal de este emprendimiento es demostrar que alguien está equivocado o tratar de mantener algún tipo de poder sobre alguien, entonces este emprendimiento, obviamente, es infructuoso, ya que al final solo lo hará sentir insatisfecho. Este tipo de energía temporal es el equivalente a una descarga reducida de dopamina como los cubitos de café que puede encontrar al lado de una caja registradora. Sin embargo, la función latente, que es que usted se educó sobre el tema del que estaba aprendiendo, en realidad resultó ser más poderosa y efectiva que la función obvia.

El poder de estos tres paradigmas sociológicos puede afectarle, y le afectará a diario probablemente por el resto de su vida. Es probable que ya haya afectado su vida todos los días hasta este punto. No solo esto, sino que los aspectos más misteriosos del comportamiento humano también le han estado afectando a usted y a las interacciones de su vida, tanto directa como indirectamente. Pero no olvide evitar caer en el cinismo. Actuemos a partir de ahora asumiendo que los humanos no son ni buenos ni malos, ni malintencionados ni justos. Somos criaturas naturales que interactúan entre sí en todo momento, tratando de sobrevivir con nuestras propias esperanzas, sueños y planes. Adoptemos este modo de pensar de ahora en adelante para optimizar la información en el resto de este libro. Porque, como ya sabe, todo lo que puede interpretar de este libro depende completamente de usted, y de cómo observe a las personas.

Capítulo Seis: Inteligencia

Nuestro siguiente tema cuando se trata de comprender y analizar de manera adecuada a las personas, consiste en entender a las personas antes de que pueda analizar entre líneas, por así decirlo.

Existen diferentes tipos de inteligencia, es evidente. Existe la inteligencia táctil para aquellos que aprenden usando sus manos. Existe la inteligencia académica, o "inteligencia de libro". Podemos tener inteligencia musical, inteligencia analítica, inteligencia lógica, y la lista puede continuar de forma interminable. Para resumir, existe un tipo de inteligencia de la cual quienes buscan psicoanalizar a las personas carecen de manera más efectiva, o al menos tienen complicaciones para aprender: la inteligencia emocional.

La inteligencia emocional es la experiencia colectiva de una persona en la que pueden relacionarse con las luchas y sentimientos de otra persona, ser capaces de empatizar con ellos y, por lo tanto, estar preparados para consolarlos en caso de necesitarlo. Esa es una definición bastante amplia, y es la que utilizaremos en este capítulo. Para aplicar este concepto, una persona que es emocionalmente inteligente puede comprender fácilmente los sentimientos de otra persona cuando está molesto, comprender por qué se siente de esa manera y ser capaz de tratar de hacerlo sentir mejor. Serán capaces de percatarse o entender por qué esa persona está molesta en primer lugar y de dónde provienen esas emociones. Alguien que no es emocionalmente inteligente, para aprovechar el otro lado de ese instante, puede hablar con alguien más acerca de sus sentimientos, pero siempre será significativamente más difícil para ellos entender realmente los sentimientos y pensamientos de la otra persona, al menos, los que no se ajustan a su propia connotación de lo que es "racional". Las personas que padecen de un trastorno de personalidad antisocial, o aquellas con tendencias sociópatas y psicópatas, por ejemplo, tienen un coeficiente intelectual emocional razonablemente bajo, también conocido como IE.

Por supuesto, algunas personas nacieron con una menor tendencia al comportamiento empático. Esto no los convierte en una persona mala o fría, y no es particularmente algo que esté bajo el control de esa persona. Sin embargo, su IE es un rasgo que no es estático. No importa cuál sea su IE en este momento, es muy probable que esté sujeto a cambios, tal vez en un futuro cercano.

La inteligencia emocional es uno de los mayores atributos de la humanidad, de acuerdo con diversos psicólogos. Debido a que somos capaces de empatizar como lo hacen muy pocos animales, poseemos la capacidad de apoyarnos unos a otros en lugar de esperar pasivamente a que cambie nuestra suerte para poder salir de un estado depresivo o cualquier estado emocional. Esto se debe a que somos capaces de hacer cambios conscientemente en lugar de dejar nuestro estado emocional al destino. También tenemos el poder de tomar nuestro destino en nuestras propias manos mientras nos ayudamos a nosotros mismos y a los demás. Tenemos este poder para hacer, realmente, lo que queramos. Lo único que impide vivir su vida de la manera en que se siente más cómodo es la presión para cumplir con su papel esperado en la sociedad y el estrés que conlleva la idea de no alinearse perfectamente con sus compañeros y con el resto de la sociedad. Sabiendo esto, ¿cómo podemos relacionar la inteligencia emocional con el análisis de los demás?

Ser capaz de empatizar con los demás puede ser una gran habilidad para alguien que puede analizar a quienes están a su alrededor. Alguien que analiza a los demás de una manera fría, manipuladora y cínica, en última instancia, será insuficiente en comparación con alguien que sea cálido y empático con quienes buscan comprender. El punto del psicoanálisis no siempre es analizar a la persona, a veces, solo se trata de entenderla. Esto puede parecer similar, y en el sentido de denotación lo es, pero la connotación de cada uno es muy diferente. Analizar es incluir lógica en ello y en cualquier situación que lo represente. Si bien las ciencias y las matemáticas pueden no requerir de empatía o aspectos de personalidad, las artes del lenguaje pueden ser muy diferentes porque exigen que el alumno analice una situación con cierta subjetividad. El arte del lenguaje implica la comprensión de los parámetros en los cuales las personas se comunican entre sí. El desarrollo de habilidades de las artes del lenguaje requiere una cierta cantidad de empatía y comprensión de la forma en que otros escritores y comunicadores interactúan dentro de sus respectivos formatos. Una mejor comprensión de las ideas de los demás nos ayuda a entendernos de manera adecuada y a comprender lo que estábamos tratando de analizar en primer lugar. Esta misma lógica puede aplicarse efectivamente a todos los diferentes tipos de personas. Cuando observa a alguien con una postura más fría o analítica, solo ve una cierta capa de ellos. Alguien que observa a una persona a través de una mirada puramente analítica probablemente verá a una persona malintencionada, simplemente. Este tipo de postura hacia las personas es efectiva y eficiente, pero también es muy cortante e indiferente. Pensar de esta manera limita la forma en que tiende a percibir a los demás y solo le permite comprenderlos de una manera que se ajuste al análisis concreto.

Observar a esa misma persona con un sentido de empatía, por otro lado, puede ampliar sus horizontes en el sentido de cómo percibe a ese individuo. Mientras, como un analista crítico, a menudo cínico, puede observar a alguien que ha hecho cosas malintencionadas o que a menudo es egoísta como una mala persona. Las personas pueden intentar y afirmar que no se ven afectadas por prejuicios.

Considerar a las personas en este tipo de energía nunca le llevará a ser más objetivo, solo lo conducirá a la negatividad. Todas las personas tienen al menos un rumbo natural, es inevitable. Ser consciente de su rumbo ayudará para mejorar su sentido de perspectiva objetiva que actuar como si no tuviera un rumbo en primer lugar. Alguien que sea un poco más subjetivo, un poco más emocional en la forma en que observar a las personas que los rodean, comprenderá que existen motivaciones ocultas hacia el egoísmo. Los individuos empáticos probablemente entenderán que la persona cercana a ellos es tridimensional, un ser capaz de muchas cosas y una persona que posee diversas facetas en su personalidad.

Reconociendo y procesando que cada persona a su alrededor es una persona tridimensional, en última instancia, le ofrecerá una perspectiva útil a medida que interactúa con los demás, no solo mejorando su comprensión de las personas. Las categorías en las que a veces colocamos automáticamente a las personas pueden ser el resultado de una tendencia pesimista de la cual no somos conscientes que conservamos.

Sin embargo, muchas personas tienen problemas con su empatía. Debido a que algunas personas nacieron con tendencias empáticas nulas, pueden tener dificultades para relacionarse con otros. Otros sufren ansiedad u otros padecimientos que les impiden interactuar de manera adecuada como algunos de sus compañeros pueden hacerlo. Esto puede parecer un obstáculo masivo en el camino para desbloquear su habilidad secreta para analizar a las personas, pero es un obstáculo abrumadoramente común que la mayoría de las personas enfrentarán en algún momento de su vida. Si no luchan para poder conectarse, pueden descubrir que no pueden desconectarse de las personas, un problema separado que es completamente propio. Dos caras de la misma moneda, pero estos conceptos muestran ejemplos opuestos de un problema que cada uno puede enfrentar en algún momento de nuestra vida. Esto puede volverse más frecuente en la actualidad, ya que las generaciones más jóvenes parecen tener dificultades para interactuar cara a cara con sus semejantes. Ahora que nos enfrentamos a este problema, es momento de descubrir cómo superarlo de manera correcta por el bien de las próximas generaciones. A continuación mostramos algunos aspectos en particular a tomar en cuenta cuando se enfrenta a este tipo de problema:

- Ocasionalmente encontraremos una solución efectiva de un día para otro para nuestros problemas. Los asuntos que valen la pena a menudo requieren nuestro tiempo y devoción. No importa lo que la sociedad intente mostrar, generalmente no existe una solución rápida para nuestros problemas. No existe una píldora para adelgazar perfectamente en una semana, no existe un régimen de entrenamiento para hacerlo lucir como un físico-culturista antes del viernes próximo, y no existe un libro de autoayuda que cure su depresión o revierta sus traumas. Debe ser proactivo y enfrentar sus preocupaciones, padecimientos y posibles problemas. Tiene que ser usted quien lidere la causa de sus propias mejoras. Tiene que ser usted, y solamente usted, al principio, quien busque superarse a toda costa, sin importar lo que cueste. Intentar hacer trampa en su vida solo terminará en que se detendrá en el punto de partida. Tiene personas a su alrededor y recursos para ayudarlo y apoyarlo, pero debe dar ese primer y más difícil paso hacia lo desconocido.

- La práctica hace la perfección, pase lo que pase. Parece que el antiguo mantra que maestros y padres grabaron en nuestros cerebros cuando éramos niños en realidad no está en todas partes. A medida que practique analizar a las personas, abrirse a ellas y responder a las personas que se abren a usted, no solo mejorará como amigo y como pareja, sino que también podrá comprender adecuadamente los conceptos básicos cuando se trata del psicoanálisis. Ya sea que analice en lo más profundo a usted mismo o descarte cualquier cuestionario de personalidad sobre su verdadero yo, estos aspectos se acumularán en torno a su creciente sentido de inteligencia emocional y su capacidad para darle el uso apropiado en el mundo real.

- Lo que actualmente lo está bloqueando no lo definirá, ni ahora ni nunca. Ya sea ansiedad, estrés o disminución de la empatía, las cosas que enfrenta ahora solo pueden afectarle durante un cierto período de tiempo. La duración exacta de ese período de tiempo depende completamente de cómo lo enfrente, cómo busca corregirlo o al menos mejorarlo, y avanzar desde allí. El período será mucho más extenso si se demora en mejorar, y será mucho más corto si es proactivo en corregir lo que considera que necesita mejorar en usted mismo.

- No culpe a nadie. A menudo, como seres humanos, podemos tener la mala costumbre de culpar a los demás, a nosotros mismos o al mundo en general cuando no podemos encontrar a nadie más en particular. Cuando se encuentre señalando con el dedo a los demás, recuerde que culparlos no le ayudará a resolver el problema que está enfrentando. Culpar a otros puede que ni siquiera le brinde satisfacción temporal. Además, culparse por sus deficiencias puede ser un intento infructuoso de castigarse a sí mismo. Por lo tanto, concentre toda la energía que de otro modo se usaría para culpar a alguien o a usted mismo, y canalícela para que sea productiva para mejorar su situación y superarse. Esto resultará mucho más fructífero y valdrá mucho más su tiempo. Quienes le rodean también podrán notar su progreso y estarán más dispuestos a ayudarle.

- Aprender sobre usted mismo es difícil y, a veces, agotador. Requiere una cantidad genuina de trabajo duro y persistencia, y habrá momentos en que fallará. Eso es correcto, y es normal sentir que puede estar fallando. El punto en tomar un camino para mejorarse a usted mismo no es continuar en una línea recta constante hasta que cruce la meta metafórica. La superación personal es una de esas cosas en las que el viaje suele ser más satisfactorio que el destino. Por supuesto, debería estar satisfecho cuando se considere finalizado por el momento. Debería sentirse orgulloso de haber podido lograr todas las cosas que hizo y seguir adelante de cualquier manera. Tome en cuenta que la mejora a menudo no es rápida, y de ninguna manera es fácil o lineal. Tendrá días buenos cuando sienta que puede tocar esa línea de meta. Habrá días en los que sentirá que esa línea de meta no podría estar más lejos de su alcance, ya que se aleja más y más con cada momento que pasa. La idea es que tenga suficiente fe en sí mismo y en quienes le rodean para poder seguir adelante. Debe saber que puede cruzar esa línea de meta como todos los demás a su alrededor que buscan superarse a sí mismos. Encuentre consuelo en el hecho de que la mayor parte del mundo está tratando de mejorar de alguna manera en este momento.

- Su sistema de apoyo es importante. Si bien un luchador difícilmente puede ganar sin el entrenamiento y el espíritu de lucha necesarios para hacerlo, la moral del luchador no sería tan estable si no fuera por sus fanáticos y su apoyo animando en su esquina del ring. Lo mismo ocurre con cualquier esfuerzo que realice, incluida la superación personal. Su sistema de apoyo, esté compuesto por sus amigos, su familia o cualquier otro ser querido, está ahí para apoyarlo y ayudarlo en todo lo que necesite. Es aquí donde entra en juego practicar la vocalización de sus sentimientos. Las personas en su esquina del ring no pueden ayudarle del todo si no está dispuesto a explicarles por qué está teniendo dificultades. A menos que se comunique adecuadamente con ellos, sentirá que no tiene un sistema de apoyo, e incluso puede sentir que le han dado la espalda en ocasiones. No tenga miedo de expresar cualquier preocupación que tenga; reforzar su confianza, con la ayuda de su sistema de apoyo y sus seres queridos, es el primer paso para desarrollar orgánicamente sus propias habilidades y su propia confianza. Nunca debe tener miedo de intentar ganar porque sus defensores estarán ahí en sus días malos cuando fracase o pierda. Incluso entonces, esa pérdida es solo temporal.

Comprender de manera adecuada cómo los factores de inteligencia emocional, o IE, en el psicoanálisis implican también considerar lo que separa a las personas que intentan analizar de manera firme o fría de aquellas que buscan comprender mejor a las personas que analizar. Mirar debajo de la superficie de lo que es legible de primera impresión sobre los demás, puede tener un impacto en cómo nos capacitamos para responder a los demás. El último de esos individuos continuará siendo un oyente significativamente mejor y también más persuasivo. El aumento de las habilidades para una vida empática puede ayudarnos a comprender mejor qué hace que otras personas se sientan frustradas y qué puede complacerlas o convencerlas en una discusión.

Además, aquellos que puedan empatizar con las personas podrán hacer conexiones rápidas mucho más fácilmente. Lo que esto significa es que gran parte del comportamiento humano recurre a un conjunto de causas, la mayoría de las cuales tienen sus raíces en la infancia. Estas causas no siempre actúan como un villano secreto detrás del comportamiento errático o inusual de una persona. Sin embargo, una suposición educada en cuanto a la historia de esa persona, al tiempo que analiza por qué esas cosas son frecuentemente la causa raíz de la mayor parte del comportamiento divergente, puede ser útil. Después de todo, dado que las causas de la infancia parecen ser la realidad para muchas personas, ¿qué tendencia en la sociedad puede estar vinculada al aumento de personas que actúan de la manera que lo hacen? ¿Qué parece indicar todo sobre nuestra sociedad en su conjunto, y existe alguna forma de reducirla o cambiarla? En el próximo capítulo, profundizaremos un poco más en el arte de la persuasión y cómo el psicoanálisis influye en ganar una discusión o llevar a cabo una campaña política.

Capítulo Siete: Convencer a la Mente

El arte de persuadir a otros, especialmente en un mundo en el que las palabras pueden viajar rápidamente a través de las comunidades, es controlar esencialmente a la mayoría de las personas en algunas situaciones. Esta es la razón por la cual poder articular sus necesidades e intenciones es un rasgo tan importante como político o en una posición similar de poder. Las personas en estas diferentes posiciones de poder a menudo tienen la capacidad de ganarse a otras personas y persuadirlas para que consideren su perspectiva de una discusión. En ocasiones permanecen en esa posición poderosa mientras les sea posible y continúan trabajando con los conceptos que consideran que son adecuados y beneficiosos para sus respectivas sociedades. Verdaderamente, en cualquier tipo de democracia donde los ciudadanos escogen a sus propios líderes, es el poder de la palabra el que gana las elecciones y las encuestas en todo el país.

Ahora, la única pregunta que queda es la siguiente: ¿qué tan fácil es, o más bien cuánto tiempo llevará, aprender a influir en las personas, a someterlas a la voluntad de un determinado partido? Realmente, no es tan difícil como muchas personas podrían imaginar que es. Por supuesto, hay algunas personas que van a tener una afinidad adquirida previamente para persuadir a otros. Existen quienes, naturalmente, siempre encontrarán fácil convencer a otros de que están en lo correcto y quién está equivocado. Esto es normal, y tal vez usted es una de estas personas. Si este es el caso, agradezca su talento, pero sepa que ningún talento podrá igualar una habilidad adquirida a través de prolongados períodos de práctica y perfeccionamiento.

Si usted no es alguien con un don natural para la persuasión o alguien que resultó ser la estrella del equipo de debate de su escuela secundaria, ¡no se preocupe! Las cosas se vuelven más fáciles cuanto más se enfoca y practica, y la palabra hablada no es una excepción.

Un aspecto a tomar en cuenta, antes de continuar discutiendo los usos y beneficios de poder persuadir a otros de manera eficiente, es que la línea entre la persuasión y la manipulación a menudo es muy delgada y confusa. Comprender la diferencia entre persuadir a alguien por un buen propósito y manipular a alguien para que haga algo por razones egoístas o maliciosas significa comprender la diferencia entre un comunicador creativo y un individuo potencialmente peligroso. Aunque todos manipulamos inconscientemente a otros de una forma u otra, la sociedad desaprueba moralmente el hecho de que usted se esfuerce intencionalmente por hacerlo para su propio beneficio. El acto de inclinar forzosamente a alguien a su voluntad es un acto de alguien que no tiene el valor de hacer lo que quiere hacer por sí mismo o es posiblemente demasiado cobarde para simplemente pedirle a la persona lo que se necesita. Si tiene la intención de hacer algo que se enseña en este libro con intención maliciosa o para causar discordia en la vida de otra persona, este libro no es para usted. Esa regla se aplica a todo lo que se enseña en este libro, y eso incluye la persuasión frente a la manipulación, que se explicará a detalle en el próximo capítulo.

Entonces, el primer paso para aprender a persuadir correctamente a los demás es aprender a articular de manera adecuada sus propias necesidades, deseos y puntos de vista. Difícilmente habrá alguien que sea persuadido o convencido adecuadamente por alguien que ni siquiera suene confiado en sus propias ideas. A menudo, este aspecto es con lo que las personas que intentan aprender a convencer a las personas y ser más persuasivas tienen más problemas a medida que aprenden a hablar frente a una multitud. Esto se debe a que la confianza es increíblemente difícil de desarrollar sin un sistema de soporte sólido. No es algo que se pueda perfeccionar durante unas pocas semanas o algo que se pueda corregir con una pequeña cantidad de autoconciencia, como la articulación verbal. No, la confianza es algo que crece más lentamente que casi cualquier otra cosa, algo que necesita el progreso de muchos días durante meses y, a veces, durante años. Aumentar esa confianza es innegablemente difícil para todos, sin importar sus antecedentes o sus circunstancias pasadas y presentes. La prueba de emprender ese tipo de viaje interno siempre se hace especialmente difícil para aquellos que sufren de un nivel de ansiedad mayor que la mayoría o tienen otras fuentes importantes de estrés. Observar estas dificultades nunca debe convertirse en un pretexto a su negativa de ganar más confianza. Aunque siempre habrá obstáculos en su camino, la existencia de estos obstáculos no es una razón válida para rechazar la ayuda de los demás y permanecer estático. Si no elige permitirse evolucionar como psicoanalista y como persona, es más que probable que sus compañeros siempre lo dejen atrás y estén más que dispuestos a evolucionar cuando usted no lo esté.

Como mencionamos anteriormente, muchas personas que desean ganar más confianza, pero no tienen el tiempo o la fortaleza mental para mantener la consistencia de trabajar en el amor propio y el cuidado personal y todo lo demás que conlleva una confianza nutrida orgánicamente simplemente lo fingirán. Este tipo de actitud, la mentalidad de "fingir hasta que lo consigas" puede ser perjudicial a largo plazo si nunca aprende a separar la fachada de la realidad, siempre y cuando esté dispuesto a soltar la fachada y adoptar la verdadera confianza que ha desarrollado, este tipo de pensamiento en realidad puede ser muy útil, dependiendo de la persona y del contexto en el que adoptan esa mentalidad.

La forma en que este tipo de mentalidad realmente funciona es aprovechando el efecto placebo. Este efecto placebo se basa en el hecho de que nuestro cerebro creerá todo lo que le digamos, esencialmente. Por ejemplo, a dos grupos de personas se les puede indicar que van a probar una nueva píldora de venta libre para la congestión. A un grupo se le brinda una píldora con un efecto descongestionante, y al otro grupo una píldora de azúcar idéntica que parece, sabe y se siente idéntica en textura a la píldora real. Ambos grupos informan que sienten reacciones casi idénticas, se sienten descongestionados y en general mejor. Afirmaron estar satisfechos con los resultados. Esto sucede porque el cerebro del grupo de la píldora de azúcar estaba convencido por quienes realizaron el experimento de que la píldora que estaban tomando contenía un descongestionante y, por lo tanto, simulaba un efecto descongestionante propio como reacción. Por supuesto, el efecto placebo puede tener un efecto ligeramente menos poderoso que lo que sucede para un grupo que realmente está recibiendo una entidad química inusual. El punto es que el concepto de "mente sobre materia" no solo tiene una base científica notable, sino que también se puede aplicar prácticamente en la medida en que este efecto placebo puede usarse para convencer a las personas de que el efecto será positivo, o al menos de que habrá algún tipo de beneficio. Este efecto placebo influye mucho en el método "fingir hasta que lo consigas", porque la razón por la que nos sentimos más seguros casi de inmediato una vez que ponemos este método en uso en nuestras vidas, es que efectivamente hemos convencido al cerebro de que ahora somos notablemente más confiados que antes de experimentar ese mecanismo de afrontamiento. Como reacción, el cerebro libera hormonas para ayudar en este proceso, haciendo que realmente nos sintamos más seguros. Por lo tanto, creer que tiene más confianza, en cierta medida, lo hará más seguro de inmediato.

La mayoría de las personas con las que se encuentra que tienen mucha confianza probablemente lo han fingido en algún momento u otro y pueden o no estarlo fingiendo en el mismo momento en que las observa. No es necesariamente algo incorrecto en absoluto, ni nada de lo que alguien deba avergonzarse de usar como una especie de muleta emocional o mecanismo de afrontamiento. Todos fingimos algo hasta cierto punto. Fingir cualquier cosa lo suficientemente bien como para engañar al cerebro incluso por determinado período de tiempo es más que suficiente para sentir realmente estos efectos. Esto es a veces la razón por la cual las personas informan que ciertos remedios caseros funcionan, aunque lógicamente no deberían, y la mayoría de ellos no trabajan en aquellos que son escépticos de sus habilidades. Las personas que los usan y los ponen en práctica son las personas que realmente creen en sus habilidades y creen que se sentirán mejor o que se curarán de lo que les aqueja. Por lo tanto, experimentan esos efectos exactos, en parte, debido a su propio pensamiento. Por otro lado, los escépticos creen que no experimentarán un cambio y, por lo tanto, a menudo no experimentan el alivio o el efecto que experimentan los creyentes en el remedio casero. Este tipo de pensamiento nos afecta en casi todos los aspectos de nuestras vidas, y no debe descartarse como una especie de posibilidad falsa. Puede percibirse que todos los que creen en los remedios caseros están siendo engañados por un cuento masivo en un mundo oculto de marketing. Sin embargo, se debe realizar una investigación personal para garantizar que cada situación implique la verdad para cada situación potencial de placebo. Algunos remedios caseros tienen un historial que nos indica por qué funcionan o no. Actualmente, otros remedios tienen menos material de estudio científico para respaldarlos adecuadamente. Cuando se siguen las pautas para un remedio casero también juega un papel en qué tan correctamente funcionan para cada persona que busca sus beneficios. El efecto placebo es muy real y lo afectará indudablemente en algún momento de su vida, incluso si no se percata del todo.

Ahora que hemos analizado las formas en que realmente puede lograr un mayor nivel de confianza, ¡practique hablar en público! Puede parecer increíblemente innecesario para la mayoría de las personas practicar este tipo de cosas con regularidad. Sin embargo, hacerlo le ayudará a tener más confianza en sus habilidades como orador en sus conversaciones diarias, aumentando sus habilidades de articulación y confianza. Aspectos como este influyen mutuamente cuanto más practica cada una de ellas. No importa que le recuerde a la escuela primaria, practique hablar sobre un tema que le interese, incluso si es solo para sus compañeros u otros seres queridos. Esto lo ayudará a aumentar sus habilidades de persuasión, así como sus habilidades para hablar en grupo. Una de las muchas claves para mejorar en el arte de la persuasión es poder hablar apasionadamente. Si alguien nota que le importa de lo que está hablando, es más probable que se sienta atraído por lo que está argumentando. Hacerlo no implica que ganará a muchas personas al final, pero asegurarse de tener una audiencia atenta es el primer paso para ganar su debate.

Un aspecto más importante de lograr persuadir a otros es realmente poder analizar a su audiencia. Considere lo que podría estar influyendo en su audiencia para escuchar su argumento. ¿Qué tipo de personas podrían estar de acuerdo con usted? Dependiendo de la respuesta a esa pregunta, asegúrese de atender específicamente a esa audiencia en particular. Hacerlo mejorará sus posibilidades de tener más personas de su lado. Cuando piense en qué tipo de personas puede complacer o atender durante su discusión, considere algunas de las siguientes preguntas generales:

- ¿Cuál es el rango de edad exacto de la audiencia que está tratando de complacer? Dependiendo de la respuesta a esta pregunta, puede comprender mejor cómo atraer a ese público específico. Un público más joven a menudo se sentirá más atraído por una discusión más apasionada y un cierto sentido de renovación: los jóvenes superan a los mayores, la nueva forma supera cualquier concepto clásico. Una audiencia mayor deseará escuchar un debate más firme, alguien que se muestre tranquilo y sereno en sus argumentos pero que aún tenga la abrumadora capacidad de llamar al oyente a la acción. Una audiencia mayor tiende a ser más parcial a una sensación de nostalgia. Tomemos, por ejemplo, al presidente Donald

Trump. Su campaña presidencial incluyó el eslogan "Make America Great Again!". Este eslogan se comercializó hacia una audiencia mayor, pero el eslogan se dirigió hacia el tipo de audiencia que es más susceptible a un tipo de llamado a la acción, y una audiencia que se encuentra más atraída por esa nostalgia por la "América" en la que crecieron hace años. A las audiencias mayores también les agrada que les afirmen que sus razones y sus creencias son innegablemente correctas, como la mayoría de las personas, jóvenes y mayores.

- Considere también el sexo de su audiencia. Esto a menudo afectará principalmente la forma en que presenta su argumento. La generalización es complicada cuando se trata de grupos masivos, pero aún es importante distinguir lo que puede lograr cuando considera a qué tipo de personas se quiere presentar usted mismo o sus puntos de conversación. En particular, considere cuán femenino o cuán masculino será su público objetivo. Esto a veces importa aún más que si la mayoría de su audiencia real es hombre o mujer. Un grupo de mujeres ultrafemeninas pueden tener intereses diferentes que un grupo de mujeres que buscan pasar su tiempo al aire libre con poco acceso a las comodidades. Tome en cuenta que atender a un sexo en particular es diferente a ser sexista, y el lugar en el que traza esa línea determinará su suerte y su potencial popularidad con su audiencia. Por lo general, las mujeres buscan sentirse empoderadas por quienes invierten su tiempo o energía regularmente. Prefieren sentirse iguales porque tradicionalmente se les ha hecho sentir como si tuvieran que compensar algo que les falta intrínsecamente en comparación con sus homólogos masculinos. Al lado de ese aspecto, los hombres tienden a no buscar algo increíblemente estimulante o filosófico. Los hombres a menudo buscan pasión y energía en el sentido físico más que en el sentido emocional, a diferencia de sus compañeras femeninas.

Teniendo esto en cuenta, tenga consideración de cuán lejos de cada estereotipo quiere situarse.

Considere los antecedentes de la mayoría de su audiencia. Ya sea que se trate de raza, ambiente, inclinación política, religión y espiritualidad o falta de ella, o una multitud de otros factores. Todos estos factores jugarán un papel importante en la forma en que se comunica con ellos para persuadirlos y promocionar sus puntos ante esa audiencia. Una audiencia que es particularmente espiritual o religiosa probablemente apreciará a un orador que integre esos elementos en su argumento o para atraer a la audiencia. Una audiencia cuya mayoría está inadaptada debido a la raza, la religión, la orientación sexual o cualquier otro aspecto que pueda hacer que esa audiencia sienta que tiene menos voz pública de lo que algunos de sus compañeros sentirán un apego a un orador cuyos puntos reconocen sus preocupaciones en la vida. Los oyentes potenciales serán más propensos a prestar atención si observan que el hablante está dispuesto a apelar a ellos como individuos que se sienten inadaptados u ocultos bajo las voces de aquellos que los rodean, a quienes con demasiada frecuencia se les brinda una voz desproporcionadamente alta en comparación. Es difícil caminar la línea entre hablar para grupos marginados e ignorar las súplicas de la mayoría, que pueden o no formar parte de su audiencia en particular. Incluso cuando la mayoría no es parte de su audiencia, todavía se ven afectados por sus puntos de vista y su argumento. La ira de la mayoría disminuirá las posibilidades de que su audiencia crezca y aumentará la impresión negativa que impacta en la audiencia de la otra parte, si existe otra o más partes. Además, un grupo no siempre siente ese gran interés de que usted hable para abogar por ellos, a menos que usted sea alguien en ese grupo demográfico particular o alguien que tenga un amplio conocimiento sobre el tema hasta el punto en que esté lo suficientemente informado para hablar sobre ello. Un defensor de las personas transgénero probablemente no podrá hablar sobre sus prejuicios tan adecuadamente o tan poderosamente como lo haría una persona transgénero real en algunas situaciones. Intentar ser un aliado en realidad puede resultar en el efecto contrario. Además, considere cualquier otro posible punto de unión entre la mayoría de los miembros de su audiencia. Ya sea el período de tiempo en el que nacieron o una experiencia que une a la mayoría de las personas a las que atiende, son las experiencias que las personas comparten las que a veces también son las más fuertes. La interacción con su audiencia en ocasiones se entiende como uno de los tesoros escondidos de hablar en público, debatir y discutir. Este es frecuentemente el secreto del talento aparentemente sin esfuerzo que proviene de muchos de los oradores públicos más poderosos, influyentes y populares. A lo que muchas personas en posiciones de poder que deben dirigirse al público recurren cuando pronuncian un discurso es el compañerismo que conlleva ser humano. Este sentimiento de unión y unidad es a menudo la fuerza impulsora de los oradores más poderosos.

Es la mayoría de estos factores combinados con otros temas específicos los que pueden desempeñar un papel en qué tipo de audiencia buscará reconocer. Tendrá que evaluar estos factores juntos, ya que finalmente tendrán la mejor oportunidad para determinar qué tan exitoso será para mejorar su capacidad de comunicarse con grupos extensos y reducidos. Además de ello, recuerde siempre que lo que vende sus puntos, más que ser realmente preciso, es la confianza. Parece ridículo, y más que eso, parece injusto, pero es cierto, las personas que buscan un orador o alguien en una posición de poder generalmente no buscan a alguien que tenga sus hechos claros, sino simplemente a alguien que puede convencer a una multitud de que, si se inclinan a su favor, estarán en el lado correcto de la historia. Convencer a la mente de que una sola persona puede causar una reacción en cadena que cambia la opinión popular de todo un grupo. Los hechos nunca serán lo que realmente vende su punto, por difícil que pueda parecer. No, nunca será la exactitud de su posición o la precisión de sus puntos lo que haga que la gente lo entienda y lo apoye. En cambio, es la confianza lo que convence a la gente. Si alguien se para en un escenario y pronuncia un discurso totalmente correcto, pero dado por alguien que carece severamente de confianza, las posibilidades de que ganen una mayoría son escasas o nulas en el mejor de los casos. Pero, alguien que se pone de pie y pronuncia un discurso incorrecto, incluso hasta el punto de difundir información errónea o dañina, pero que pronuncia el discurso con un aire de confianza y certeza, alguien que sabe cómo ser carismático y accesible, definitivamente ganará el voto popular. Claro, eso es ¡una locura! ¿Por qué la gente querría votar activamente por alguien que está equivocado? Piense a quién le gustaría observar en un programa que involucra a dos oradores. Los puntos y el argumento son exactamente los mismos, dados por dos personas diferentes. Las personas son idénticas, excepto que una de ellas es muy tímida, insegura y dudosa de los puntos. La otra no tiene idea de si son correctas o no, pero de cualquier manera sigue adelante. Son personas carismáticas, agradables y buenas oradoras.

Lo más probable es que elija al candidato que sea más elocuente y encantador en la forma en que se presentan y en la forma en que hablan. A pesar de que estaba siendo consciente de que estaban discutiendo puntos idénticos de la misma manera. La forma en que la persona más segura lo hizo sentir acerca de su argumento es la que lo cambió hacia su favor.

Este es un ejemplo de cómo puede argumentar y debatir eficazmente con el propósito de su objetivo previsto. Genuinamente, la forma en que se presenta en un entorno público puede influir en el arte del psicoanálisis. Piense por un momento en cómo lee a las personas que tienen confianza. Saber que las personas a menudo ya están falsificando su confianza en muchas situaciones, puede ayudarle a sentirse más cómodo navegando su propio camino hacia la confianza y la persuasión positiva. Por un lado, observar a las personas en posiciones de poder hablar con confianza sobre un tema del que realmente podrían saber muy poco o nada es un gran ejemplo de este tipo exacto de persona persuasiva. Alguien que no tiene educación aún puede destacar fácilmente en un debate, discusión o en cualquier otro escenario en el que un individuo tiene que presentar sus opiniones o ganarse el favor de su público. Esto puede ser específicamente cierto para el favor de grandes cantidades de personas que podría no conocer personalmente. Simplemente analizar a la audiencia potencial y atenderlos en la forma en que se comportan, su tono de voz, el contenido de la conversación y el lenguaje corporal, pueden otorgarles la atención que buscan. Comprender qué efecto sobresaliente puede tener un concepto tan simple y aparentemente sin sentido en nuestra percepción de una situación puede ayudarnos a cambiar el resultado para mejorar. El conocimiento, la confianza adecuada y la conciencia de la audiencia son claves importantes para desbloquear nuestras propias habilidades para hacer cosas por nosotros mismos y por los demás. Conscientemente, engañar a nuestros cerebros para que crean algo hasta que estemos completamente equipados para hacer algo de manera más independiente, puede ayudarnos a tener el poder de practicar lo que realmente queremos aprender a hacer.

En este próximo capítulo, detallaremos el lado oscuro de la persuasión: la manipulación. También discutiremos cómo trazar la línea entre lo que es benevolente y malévolo con respecto a la manera en que las personas utilizan sus habilidades para el psicoanálisis para manipular a otros.

Capítulo Ocho: Moneda De Dos Caras

La línea entre la persuasión y la manipulación es tan delgada como el lado de una moneda. Las dos formas de lograr que otras personas entiendan el mundo de manera un poco diferente de acuerdo con nuestros propios puntos de vista, acciones o deseos. Lanzar esta moneda es fácil y puede hacerse deliberadamente o, en muchos casos, accidentalmente. Ser cauteloso con lo que se encuentra al otro lado de la moneda puede ayudarle a mantenerse alejado de muchos problemas morales, así como a evitar el uso indebido de sus habilidades de psicoanálisis.

De un lado de esta moneda está la persuasión, una forma relativamente inocente de manipulación. Obviamente, persuadir encubiertamente está mal visto en la sociedad. Sin embargo, persuadir a alguien sin su conocimiento generalmente no es particularmente fácil. La persuasión es simplemente el arte de utilizar cosas sutiles sobre las personas: su tono de voz, su redacción exacta, su postura, su lenguaje corporal y una multitud de otros factores simples para ganar su favor. Las personas a menudo inconscientemente llevarán dicha información a sus depósitos mentales y le permitirán influir en sus elecciones, decisiones familiares y objetivos para la vida. Puede encontrarse utilizando esta información para su beneficio promocionándose a sí mismo o su situación como la mejor opción posible en comparación con cualquier competencia. Por supuesto, existen muchas maneras en que esta información podría ser tratada erróneamente por personas en condiciones de persuadir. También es probable que existan muchas personas que simplemente consideren apropiado usar prácticas ilegales o generalmente inmorales al debatir o discutir por el voto o el favor de un grupo. Dejando a un lado estos hechos, centrémonos en el lado oscuro de este tema.

La manipulación, para tener una mirada más cercana y potencialmente más fría, más cínica, de ese mismo tema, reside bajo el paraguas de lo que describimos al mencionar que las personas pueden intentar persuadir a otros de manera encubierta o sin el permiso o consentimiento de los espectadores o de la persona participante. Esto puede conducir a muchos comportamientos y hábitos problemáticos si no se abordan adecuadamente. Por supuesto, existen personas que muestran accidentalmente estos hábitos y comportamientos y generalmente no tienen malas intenciones en sus esfuerzos. Sin embargo, alguien que roba sin saberlo deja de estar del lado de la ley. Vamos a profundizar un poco más en describir la diferencia entre la persuasión y la manipulación de los demás.

Tomemos como ejemplo que usted se encuentra en una fiesta. Hay alguien que baila muy íntimamente a su lado y trata de convencerlo de que abandone la fiesta para ir a su casa. Ninguno de ustedes está bajo la influencia del alcohol y ambos están por encima de la edad de consentimiento. La persona puede tratar de apelar a su sensación de soledad diciéndole que se asegurará de que se sienta cómodo y seguro. Esto puede considerarse como una persuasión que se apoya en el borde de la manipulación: la otra parte está tratando de convencerle aprovechando la información que ya han recopilado sobre usted.

La misma persona también podría tratar de convencerle de que se vaya de la fiesta a casa con ellos señalando que está solo, con una gran necesidad de consuelo y que no puede proceder por su cuenta por alguna razón que han observado sobre usted. El engaño también es un factor clave en la manipulación. Estas son formas de manipulación, la manipulación emocional para ser más específicos, es diferente de la persuasión. También conocido como "gaslighting" o "hacer luz de gas" en el contexto de una relación romántica potencialmente abusiva o negligente, este tipo de manipulación implica el uso de información que la persona ya tiene o ha adivinado sobre usted, y utilizan activamente esa información para hacerle sentir culpable y chantajearlo para hacer su voluntad. Es probable que lo hagan porque no saben expresarse adecuadamente y no ven otra forma de lograr que se doblegue a sus deseos. Entonces, la persuasión y la manipulación son dos caras de la misma moneda metafórica que a menudo están entrelazadas, pero siguen siendo formas muy distintas e independientes de tratar de ganarse a una persona.

Algo más a considerar cuando se habla de las distinciones entre persuasión y manipulación es cómo esa persona hipotética puede reaccionar si rechaza su oferta. La persona que simplemente trató de persuadirlo puede ser terco ante la situación, pero generalmente se rendirá cuando se niegue rotundamente. Él o ella puede estar descontento o decepcionado, pero generalmente abandonará la oferta después. Alguien que comenzó a tratar de manipularle usando culpa probablemente tendrá más dificultades para ser rechazado. Es muy probable que este tipo de persona se niegue a aceptar un "no" por respuesta, y con frecuencia seguirá presionándolo, a veces hasta que la situación se vuelva potencialmente peligrosa. Este es un tipo de persona que generalmente debe evitar a toda costa. Si los encuentra en un entorno público, debe asegurarse de tener su teléfono celular u otra persona que pueda ayudarlo en un escenario potencialmente dañino. Aunque esto es solo una contingencia y de ninguna manera está garantizado, la seguridad de todos los que podrían estar en contacto con personas como esta es la máxima prioridad. Además, debe tenerse en cuenta que cuando alguien intenta persuadirlo, especialmente en la situación de una fiesta como se describe en el ejemplo, generalmente no se trata de que la persona que intentó persuadirlo simplemente dejándolo ir y alejándose al primero intento. La persuasión puede volverse inapropiada tan pronto como alguien que intenta manipularlo o hacerle luz de gas, pero no tiende a ser tan malévolo como alguien que realmente no puede encontrar una manera de tratar de convencerlo sin ser engañoso. Alguien que al principio intenta persuadirlo puede ser muy firme en su persuasión por algún tiempo. Si esas tácticas persuasivas no funcionan, las cosas pueden convertirse rápidamente en una situación de manipulación mediante engaño, verdades parciales disfrazadas o información personal que tal vez no desee compartir. Nuevamente, esto es solo una contingencia, pero es una que sucede más de lo que debería. Cualquiera que se encuentre en un escenario similar a este, la mayoría de las veces mujeres jóvenes, debe conocer a las personas de este tipo y poder encontrar una manera de navegar con seguridad si surge una situación. Prepárese para llamar a las autoridades correspondientes, obtenga ayuda de alguien en quien confíe genuinamente y retírese de la situación de inmediato.

La diferencia, intrínsecamente, en la forma en que los persuasivos y los manipuladores usan sus habilidades analíticas para leer a las personas en realidad radica en lo que hacen con la información que están absorbiendo. Absorben esencialmente la misma información, pero realmente no parecen usarla exactamente de la misma manera. Las personas que tienen una mayor afinidad por la persuasión, que utilizan una conversación fluida y un lenguaje corporal para asegurar y convencer a una audiencia, tenderán a captar información sobre una persona o personas que están tratando de persuadir, y adaptar su postura, voz y palabras exactas a esa persona o personas cambiando su argumento.

Sin embargo, alguien que principalmente manipula a otros es un poco diferente. Alguien que tenga afinidad por la manipulación usará la misma información para no cambiar su lenguaje corporal o tono de voz o la elección de palabras para tranquilizar a su audiencia, sino tal vez para intimidarlos. Por lo general, los manipuladores son o tienen el potencial de ser individuos abusivos, emocional y verbalmente o de otra manera, por lo que es importante tener en cuenta los factores distintivos de alguien así. Un manipulador generalmente no se adaptará a la persona con la que está hablando, sino que buscará culparlos o asustarlos para que hagan lo que el manipulador les pide.

Sin embargo, ciertamente no todos los manipuladores son así. No todas las personas que quieren manipularle o someterle a su voluntad son el tipo de manipulador que le plasmaría abiertamente sus planes. Estos parámetros le brindan una guía sobre cómo reconocer la diferencia rápidamente para que pueda responder de manera segura y oportuna. Quizás los manipuladores más temibles son quienes viven entre nosotros y buscan el control de nuestros sentimientos. Puede ser que el tipo de manipulador más aterrador sea el que ni siquiera sabe que lo está manipulando.

Este tipo de manipulación también se presenta en forma de abusador. Detrás de puertas cerradas, pueden ser la viva imagen del tipo de persona descrita en el ejemplo de la fiesta. Pueden ser un tipo completamente diferente de persona, o pueden no serlo. Todo depende completamente de la persona que estamos tratando. Sin embargo, el tipo de persona de la que estoy hablando ahora es el tipo de persona que lo manipula de una manera que lo atrapa contra sí mismo. Es posible que no lo sujeten físicamente de ninguna manera, pero buscan usar sus propias situaciones en su contra. Este tipo de persona es especialmente peligrosa, ya que son lo suficientemente inteligentes, astutos y malévolos como para hacerlo sentir activamente como si debiera responder de la manera que sugieren. Incluso puede sentir que reconoce conscientemente que las acciones de la persona son abusivas o manipuladoras, pero no logra convencerse de que alguna vez podría enfrentarlas. Es posible que lo hayan hecho sentir inválido en sus sentimientos y en su pensamiento.

Aunque este tipo de dinámica tóxica se encuentra con mayor frecuencia en una relación en la que un hombre controla, domina y manipula a una esposa, la dinámica se puede detectar fácilmente en cualquier tipo de relación, romántica o platónica. Este tipo de dinámica se forma cuando el abusador o manipulador tiene el hábito constante de humillar agresivamente a una pareja y hacerla sentir inadecuada. Puede ser como si algo que sale de su boca no solo es descaradamente incorrecto, sino que hace que sea vergonzoso para la persona incluso pensar en lo que se dice. Este tipo de abusador cubrirá su abuso verbal y emocional con afecto y lo que llamarían "amor". Colman a su pareja o cónyuge de forma intermitente con mucho afecto y validación física y placer. Puede ser que con mayor frecuencia muestren ese "amor", y también despreciarán, degradarán o avergonzarán a su pareja. Esto se convierte en un ciclo dañino y abusivo en el que la víctima es demasiado sumisa y teme expresar sus opiniones para confrontar a su abusador, y mucho menos tiene el valor para levantarse e irse. Este ciclo mantiene a las víctimas de abuso atrapadas en sus relaciones durante meses, años y con demasiada frecuencia por el resto de sus vidas.

Ahora, vamos a mostrar cómo esta es una conexión relevante con el psicoanálisis. Una forma en que muchas víctimas de relaciones abusivas terminan encontrando una salida de esa relación es rompiendo el ciclo por la fuerza. Existen diversas maneras de lograrlo: Algunas víctimas encuentran el poder de romper el ciclo de abuso verbal y psicológico antes de que las envuelva con demasiada fuerza, cortando lazos muy temprano en la relación. Incluso esto puede tener efectos negativos y duraderos, ya que las personas manipuladoras y los abusadores a menudo acechan a sus parejas anteriores para tratar de volver a conectar o reiniciar el ciclo de abuso. Lamentablemente, la mayoría de las víctimas no tienen la suerte de captar las banderas rojas antes de que sea demasiado tarde para escapar. Otro gran grupo de víctimas encuentra fuerza comunicándose a través de foros en línea donde otros sobrevivientes de abuso se reúnen y se apoyan mutuamente. A menudo, esta fuerza positiva, y en ocasiones novedosa, en la vida de una víctima es al menos suficiente para eliminar parte del peso que el abusador ha dejado sobre ellas. En ocasiones no dará como resultado que la víctima de abuso permanentemente pueda ponerse de pie y luchar contra su abusador, pero un apoyo como este es suficiente para brindar a muchas otras víctimas una oportunidad de luchar contra las acciones de sus manipuladores.

A veces, las víctimas que están atrapadas en un ciclo de abuso pueden encontrar fuerza adicional al darle a su abusador su propia medicina. A menudo lo logran analizándolos de la misma manera en que el abusador los analizó para aprovechar lo que originalmente habían visto como "puntos débiles" en la armadura emocional de su víctima. Las víctimas pueden notar patrones en el horario de su abusador y podrán usar un momento en que se hayan ido o estén distraídos para escapar físicamente de ellos.

Si se encuentra en una situación perjudicial con una persona peligrosa o si es un espectador de una situación insegura, llame a las autoridades correspondientes de inmediato.

Tome en cuenta que la manipulación es un aspecto frecuente del psicoanálisis y no es algo que deba tomarse a la ligera. La manipulación de todo tipo también se considera de manera frecuente como simplemente otra cara de la moneda en comparación con la persuasión. Los capítulos anteriores se unirán en los próximos dos capítulos finales para ayudarle a comprender cómo combinar todos los métodos analizados y permitirle culminar en las mejores y más eficientes formas de obtener una mejor comprensión de quienes le rodean.

Capítulo Nueve: La Ciencia del Corte Fino

Una idea errónea común sobre el psicoanálisis es que es similar a la observación naturalista o un estudio de caso, ya que debe realizarse en el transcurso de varios meses y, a menudo, incluso años. Esto simplemente no es acertado. Para ser justos, el psicoanálisis es muy parecido a la observación naturalista, pero en realidad solo en el sentido de que es una herramienta utilizada por psicólogos o personas interesadas en los comportamientos de otras personas para evaluar o probar sus teorías sobre el mundo que les rodea, así como para evaluar a las personas dentro de ella.

Cabe señalar que el arte de "corte fino", o cognición rápida, como nos referiremos a él en el resto de este libro por ser más sencillo, no es una herramienta ideal para todos. Algunas personas descubrirán que el uso de la cognición rápida para comprender mejor a sus compañeros y obtener una visión del mundo les resulta muy natural, y otras personas considerarán más difícil enfrentarse a este tema. No existe absolutamente nada de malo en tener poco o ningún deseo de aprender a usar y aplicar la cognición rápida. La belleza de analizar a otros con una ciencia simple como la psicología del comportamiento es que definitivamente existe una cierta cantidad de discreción. Existe una determinada medida en la que realmente puede tomar todas las decisiones. Por supuesto, existen ciertas pautas y reglas generales específicas que le conviene seguir, pero en general, depende de usted cómo utilizar adecuadamente sus habilidades y cualquiera de las habilidades que haya aprendido al leer este libro.

En pocas palabras, la cognición rápida es el proceso y la capacidad de aprovechar inconscientemente la información que ha obtenido de una persona, lugar o grupo de personas en poco tiempo.

Por ejemplo, se realizó un estudio en el que se les indicó a varios estudiantes universitarios que abandonaran sus dormitorios durante veinte minutos en su estado más natural, como lo harían normalmente. Luego, a los amigos cercanos de esos estudiantes se les dio exactamente cinco minutos para ir al dormitorio y mirar lo que había alrededor. No se les permitía tocar o interactuar con nada en la habitación, solo observar. Después de que transcurrieran los cinco minutos, llegaron completamente ajenos que nunca habían conocido al estudiante universitario para investigar por su cuenta, durante el mismo período de tiempo de cinco minutos. Sin embargo, al final del estudio, se descubrió que, al responder preguntas sobre los estilos de vida de los estudiantes y los rasgos de personalidad probables, las personas que nunca habían conocido a los estudiantes universitarios respondieron preguntas de perfil sobre los ocupantes casi idénticamente a las respuestas dadas por los amigos cercanos de esos mismos estudiantes. Este es un excelente ejemplo de cognición rápida. La mayoría de los humanos tienen un sentido innato de señales sociales y de comportamiento. Algunos detalles simples y aparentemente irrelevantes incluso sobre el dormitorio de una persona pueden indicar características reveladoras sobre ella. Ver un tipo de desorden "organizado" puede indicar que el propietario de tal desorden puede ser una persona de pensamiento semiordenado, incluso si la "organización" solo tiene sentido para ellos. Alguien con un desorden que parece más descuidado puede dar la impresión de ser una persona dispersa, pero creativa. Usando pequeños detalles que incluso a menudo no sabemos que recogemos por nuestra cuenta con nuestra mente inconsciente, resulta bastante fácil unir rápida y eficientemente una imagen de una persona a menudo objetiva, incluso si no los hemos conocido o, de lo contrario, interactuado con ellos. Como puede ver, incluso en cuestión de minutos, tenemos la capacidad de comprender a las personas que nos rodean con mucha más profundidad y claridad de lo que a menudo nos damos crédito por tener a nuestra disposición.

La ciencia detrás de la cognición rápida es bastante simple. Nuestro cerebro consciente, la parte de nuestra mente en la que almacenamos información que es frecuente y relativamente a corto plazo, conserva un registro de muchas cosas. Puede llegar fácilmente a un punto de sobrecarga sensorial, ya que la mente consciente solo puede enfocar realmente su atención en un concepto central a la vez. Sin embargo, la mente inconsciente, que registra nuestros recuerdos, nuestros traumas y nuestra información a largo plazo, es mucho más extensa en términos de espacio disponible y, por lo tanto, existe una probabilidad significativamente menor de que pueda estar sobrecargada de información y estímulos. Sin embargo, debido a que a menudo no sentimos la necesidad de abrir activamente nuestra mente subconsciente, en ocasiones ni siquiera reconocemos el inmenso poder de esta parte de nuestros pensamientos. No es probable que nuestro cerebro inconsciente se sobrecargue en comparación con la mente consciente simplemente porque puede manejar mucha más información a la vez. Después de todo, está diseñado para ser una especie de bóveda de información que no necesitamos tener disponible.

Además de este tamaño metafórico abrumador, nuestro inconsciente no necesita pensar activamente en algo para obtener información sobre él. De hecho, la mayoría de las veces, su inconsciente está absorbiendo grandes cantidades de información sin que usted lo sepa. Es por eso que las personas a menudo experimentan una sensación de familiaridad con cosas con las que nunca deberían haber tenido ningún tipo de contacto en el pasado. Si pudiéramos vincular hipotéticamente nuestras mentes conscientes e inconscientes, podríamos aumentar de manera exponencial nuestro conocimiento general, nuestro poder de procesamiento y muchos otros procesos mentales. Nos convertiríamos en seres mucho más avanzados intelectualmente, así como en seres mucho más eficientes. Teniendo esto en cuenta, la cognición rápida es una habilidad que necesita perfeccionarse o agudizarse con el tiempo. La cognición rápida es algo menos atribuido al talento innato y natural de algunas personas. Podemos procesar la información a un ritmo mucho más rápido y generar conjeturas estimadas debido a ello.

Cuando siente que su instinto lo impulsa en una dirección específica, aunque no exista una razón lógica detrás de ese "instinto" o sentimiento instintivo, en realidad es su mente inconsciente procesando información que su mente consciente no sintió.

La cognición rápida depende en gran medida de ese tipo de instinto, la generalización y la energía de la "primera impresión" que tiene de alguien. Aunque durante la mayor parte de la historia humana, este tipo de suposiciones se consideraron como algo de ascendencia sobrenatural o algo totalmente inconcluso. Ahora tenemos una mejor comprensión de la mente humana para que podamos afirmar definitivamente que tenemos los procesos en nuestra mente inconsciente para determinar muchas cosas sobre alguien de un vistazo. Comprenderlo puede ser aterrador para algunos que a menudo son juzgados por sus características físicas en vez de por sus señales verbales o de comportamiento, por ejemplo, alguien con una postura muy amenazante o algo físico que es negativo y que también está fuera de su control. Cabe señalar que gran parte de este concepto de "primera impresión" se compone principalmente no de las características físicas de alguien, sino del lenguaje corporal y de los aspectos verbales, conductuales y controlables que son indicativos de la personalidad de alguien. Como personas tenemos la mala costumbre de tomar mucho tiempo para analizar a alguien. Sin embargo, usando la cognición rápida, es fácil y sencillo observar que usar grandes cantidades de tiempo para examinar a alguien psicológicamente es simplemente innecesario, injustificado e ineficiente en el gran esquema del psicoanálisis.

En lugar de perder tanto tiempo realizando una búsqueda tan profunda de alguien, puede observar a alguien y su lenguaje corporal, tono de voz y cualquier otro aspecto de la postura de una persona durante menos de un minuto. Con esta cantidad minúscula de tiempo en comparación con la cantidad de tiempo que a menudo tomamos para examinar a alguien de la misma manera, la mayoría de las veces podemos formar esencialmente las mismas estimaciones y conjeturas educadas sobre la persona o personas que estamos analizando, o al menos, estamos intentando de analizar en ese momento. Esto ocurre porque cuando observa a alguien durante cinco minutos frente a treinta segundos, está trabajando con la misma información básica sobre esa persona. La única diferencia es que se le ha dado tiempo adicional para examinar los matices y los detalles simples de la forma en que se comporta esa persona, junto con esa información básica sobre su comportamiento. En realidad, estos pequeños matices son a menudo una idea de último momento en comparación con esa base de comprensión que sabemos que tenemos de ese individuo. Las cosas que entendemos acerca de ese individuo, o más bien, las pistas grandes y más obvias sobre su comportamiento, son el gran centro metafórico de lo extraño en comparación con los matices más simples que quedan a un lado. Realmente, en la imagen más amplia del comportamiento de esa persona, estos pequeños detalles simplemente no importan. Los matices que indican exactamente qué podría hacer que el individuo actúe de la manera en que lo hace son irrelevantes cuando esa persona observa a alguien por interés y curiosidad más que por encontrar una respuesta real. Si alguien se siente ansioso por los casos de abuso en el pasado o simplemente porque son genéticamente propensos a un trastorno de ansiedad, debe cambiar el hecho de que se convierta en su amigo. Lo que importa es la forma en que se consideran a sí mismos, la forma claramente incierta y tímida de comunicarse con los demás, y la forma en que parecen retroceder cuando se les habla con dureza, entre muchos otros modos de actuar. Al analizar a alguien usando los métodos discutidos en este libro, generalmente no está buscando esos detalles pequeños y a menudo sin importancia. Está buscando el panorama general que indique el tipo de personalidad probable de una persona. El razonamiento detrás de ese comportamiento, en particular, es una idea de último momento, algo que puede ser atendido más tarde cuando tenga el momento adecuado, la conexión adecuada y la energía adecuada.

Estas ideas posteriores a menudo nos ayudan inmensamente a reconstruir una historia completa con respecto a un individuo y por qué pueden actuar de la manera que lo hacen, sus motivaciones y, a menudo, su pasado. Sin embargo, cuando analiza por primera vez a una persona, busca ampliar su red, por así decirlo. Es mucho mejor y mucho más fácil no gastar mucha energía en un aspecto del carácter de una persona o en cómo se determina a sí misma. Más bien, aspira a consumir una energía mínima mirando una amplia gama de aspectos de su personalidad, su lenguaje corporal, su ritmo y ciertos tics que usted podría notar. Existen otros tics y diversos detalles que no notará al principio, y eso es correcto. Parte del psicoanálisis es que no nota muchas cosas que podrían resultar relevantes hasta mucho después de que haya tenido la primera impresión, y colocado el primer dedo en el agua. La cognición rápida en ese sentido se puede comparar con un método que utilizan muchos artistas cuando tienen una idea para el trabajo en el que crean diversos "bocetos". En este sentido, "boceto" se refiere a una gran cantidad de borradores increíblemente desordenados y rápidos, hechos en sucesión hasta que el creador obtenga una comprensión precisa de cómo se verá su producto terminado. Esto incluye dónde pueden desear que se coloque un objeto, en qué posición debe colocarse, algunos detalles y aspectos del fondo, el ángulo, la iluminación y varios otros detalles tendrán que considerarse mucho antes de que se pueda producir un trabajo terminado.

Al igual que la cognición rápida, al crear bocetos, un artista tiene que desplegar la red de manera creativa, ya que tiene que extraer ideas de cada rincón de su mente y arrojarlas sobre papel o lienzo para observar cómo luce. En estos bocetos, se puede producir la idea de una creación más formal y final. Del mismo modo, algunas corporaciones y otras entidades comerciales han adoptado esta forma de pensar, al pedirles a los empleados que no dediquen mucho tiempo a una prueba de un producto, sino que pasen más tiempo creando muchos prototipos desordenados hasta que puedan hacer uno que funcione idealmente para lo que buscan específicamente del producto. Esto les permite no solo alentar la productividad y la creatividad, sino que también les permite a los trabajadores fracasar sin castigo o burla. En el mundo real, fallamos varias veces mientras creamos o hacemos algo antes de alcanzar el éxito. Lo que nos hace tener éxito al final es, en gran parte, la información y los comentarios que hemos recibido en el camino. Este sistema de retroalimentación rápida es exactamente lo que muchos artistas y empresas están tratando de reproducir.

Volviendo a la información antes mencionada sobre las leyendas de las máscaras del antiguo Japón, en el que cada persona posee tres máscaras que muestran a grupos separados dentro de sus vidas, se puede decir que cuando intenta analizar a alguien por primera vez, no está mirando a su tercera máscara, la que muestran solo en el espejo, que representa su "yo" más profundo y, a menudo, más oscuro. No, en cambio, a menudo miramos su primera máscara, la máscara que muestra no solo a ellos mismos, sino a todo mundo. Esta es su máscara pública, el personaje que en ocasiones es una fachada que fabrican y que seguramente solo se mostrará al público. En las notas incompletas y editadas del fallecido sociólogo G.H Mead, escuchamos más información sobre su teoría del yo, de muchas maneras su información se correlaciona con la comprensión del yo del antiguo Japón. En las notas, Mead señala la existencia de dos "yo" separados pero unidos y coexistentes, llamados el "yo" y el "mí".

El "yo", afirma Mead, representa la forma en que un individuo interactúa consigo mismo. Es la manifestación de cómo una persona se trata y cómo es probable que traten o manipulen la imagen que ven en el espejo todos los días. El "mí", por otro lado, es un sentido del yo mucho más fluido que se deriva únicamente de la interacción social. El "mí" es el yo que se produce en función de la forma en que la mayoría de las personas se encuentran en la vida y cómo lo tratan o manipulan. Si la mayoría de las personas que interactúan con usted lo tratan con dureza o negatividad, como un niño que creció en un hogar abusivo, negligente o poco saludable, su "mí" cambiará en consecuencia, en ocasiones retirándose y volviéndose extremadamente desconfiado, asustado o vicioso y cruel. Sin saberlo, el individuo puede continuar el ciclo de abuso hacia los demás mientras intentan interactuar de formas que les parecen naturales.

Nuestros "yo(s)" interactúan entre sí y cambian diariamente, ya sea que nos conectemos con otra persona literalmente o de otra manera. Sin embargo, nuestros yo(s) nunca interactúan con otras personas y solo nos afecta nuestro "mí". Si su "mí" sufre un golpe significativo a la confianza en sí mismo o al ego por alguna razón, su "yo" se vería afectado, pero solo proporcionalmente a cómo se vio afectado el "mí". El "yo" nunca se verá tan afectado por las interacciones como el "mí", pero las condiciones sociales extremas en las que se coloca el "mí" a veces también interactuarán indirectamente y cambiarán el "yo". Esto es a menudo de una manera menos extrema en proporción a la cantidad de estrés que infectaba el "mí" o la efectividad del evento.

La cognición rápida es un proceso que está presente en todos, y aunque, por supuesto, puede aprovecharse aún más y utilizarse de manera más efectiva, es algo en lo que la "cantidad" base está presente casi por igual en todas las personas. Esto es así porque la cognición rápida es nuestra nueva terminología compleja para la toma de decisiones instintiva. Es un mecanismo de defensa evolutivo, que es una de las razones por las que todavía somos una especie en curso y próspera. Como cavernícola, si viera a un oso o alguna otra cosa que sin duda estuviera decidida a matarlo, no tiene tiempo para comprender y analizar en profundidad qué puede estar causando este comportamiento en el oso. Tiene tiempo para entender que el oso lo matará si no reacciona, entonces actúa en consecuencia.

Reconocemos que este es quizás un vago ejemplo de lo que es la cognición rápida y cómo se puede aplicar a la vida actual, así que veamos más allá.

Supongamos que tiene una cita doble con su pareja o cónyuge, y un amigo cercano se ha unido a usted con su compañera. Esta es la primera vez que conoce a la pareja de su amigo, pero existe algo que le incomoda de esa persona. No puede identificarlo, pero algo acerca de ella indica que no es la persona que podría estar pretendiendo ser. Puede sentir que podría ser una persona potencialmente peligrosa para usted o para su amigo. Al principio, no le cuenta a su amigo sus sentimientos; después de todo, no ha hablado mucho con ella, probablemente sea solo paranoia, ¿cierto? Luego, unas semanas o unos meses más tarde, se reúne para ponerse al día con su amigo durante el almuerzo, y le menciona que ya no ve a esa persona. Parte de usted se siente aliviado, pero pregunta por qué. Su amigo suspira y admite que descubrieron que su pareja lo engañaba hace unas noches. Una parte de usted se alegra, entusiasmado de que estuviera en lo correcto y emocionado con esta nueva habilidad que posee. ¿O es realmente una nueva habilidad después de todo?

La respuesta simple es no. Aunque sería satisfactorio asegurarnos de que somos realmente especiales o que poseemos habilidades psíquicas, esto es lo que realmente sucedió: vio a la pareja de su amigo y casi de inmediato supo que algo no estaba bien. Ya sea por la forma en que se portaron, por la forma extremadamente melosa en que hablaba con su amigo, o por el tono de su voz, algo en ella simplemente dejó una especie de sabor amargo en la boca. Ya sea que se haya percatado activamente o no, su cerebro, o al menos la parte subconsciente, se percató de algunas de estas cosas sin avisar a su cerebro consciente. Su cerebro consciente estaba más enfocado en su comida, en su pareja, su amigo, o de otra manera preocupado por una multitud de muchas cosas diferentes. Su cerebro inconsciente filtró las enormes cantidades de información que recopiló de este nuevo individuo. Su cerebro inconsciente y consciente reaccionará automáticamente de manera más alerta a las personas nuevas, aunque solo sea porque no son reconocidas y sus patrones de habla, lenguaje corporal y hábitos aún no son lo suficientemente familiares como para ser descartados automáticamente. Su yo inconsciente entendió y registró que gran parte del comportamiento mostrado por esta nueva persona como hábitos que le parecerían poco atractivos o problemáticos. Su inconsciente le devuelve esa información y la almacena, donde se sentirá insatisfecho o incómodo debido a esa persona. Su inconsciente no registrará por qué nunca tuvo la oportunidad de procesar nada acerca de la persona, ya que nunca hizo nada abiertamente molesto para usted o para cualquier otra persona que estaba en la cita doble, por lo que el consciente nunca se molestó realmente con eso. Su mente inconsciente posteriormente procedió a tomar las riendas metafóricas donde lo dejó su pensamiento consciente, procesando información más orientada a los detalles que era más parcial y, por lo tanto, no preocupaba particularmente a la mente consciente. Su mente inconsciente actúa más como una muleta que examina la información disponible y el estímulo que la mente consciente simplemente no puede molestarse en ordenar.

Ahora, antes de dejarse llevar con cada instinto que tenga y considere que es un hecho solo porque sintió una corazonada, recuerde ser precavido. Recuerde que mencionamos que la toma de decisiones inconsciente se basa en parte en experiencias y prejuicios pasados, mientras que el consciente es más propenso a tomar decisiones basadas en hechos obvios. Esta es la razón por la cual el subconsciente se ocupa principalmente de las decisiones basadas en las acciones pasadas de alguien y no realiza juicios basados en una interacción mínima con nuevos estímulos.

Aunque puede o no tener una gran cantidad de confianza en sus habilidades de toma de decisiones inconscientes o mucha fe en su instinto, las decisiones tomadas por el inconsciente son corazonadas. La cognición rápida es una colección de corazonadas. Una gran cantidad de estimaciones rápidas que se negaron de inmediato o no fueron concluyentes, ayudan a formar una base sobre la cual entender a esa persona en base a esas conjeturas parcialmente educadas. Si conoce a personas similares a usted, esto puede servir como evidencia adecuada para condenar o elevar el estado de esa persona para usted y su conciencia.

Por favor, no siga sus instintos si realmente tiene hechos y experiencia real con esa persona en la que puede confiar para comprender una situación. Su instinto y su cognición rápida son herramientas brillantes que se pueden utilizar en una limitación de tiempo importante, pero si tiene el tiempo y la energía, puede que no sea una necesidad directa en cada situación. Ya no vivimos en una época en la que cosas como esas son necesarias, donde una decisión de una fracción de segundo también es la diferencia entre la vida y la muerte. Aunque tomar decisiones cognitivas rápidas es una parte importante de perfeccionar sus habilidades como psicoanalista, no es necesariamente una función que debería ser la primera herramienta que tome. Aunque, es cierto que es una gran herramienta que le servirá correctamente cuando sea necesario en su búsqueda de información en el mundo que lo rodea, y de sus habitantes más interesantes.

Capítulo Diez: Lo Que Significa Todo

Entonces, ha leído, o más probablemente, ha hojeado, esta información. Hemos cubierto la persuasión y la manipulación, conceptos erróneos sobre las pruebas de personalidad, la cognición rápida y la leyenda enmascarada de Japón. Ha leído y, con suerte, ha entendido mejor lo que significa exactamente poder psicoanalizar a las personas. Con suerte, ahora entiende al menos un poco mejor lo que eso realmente significa para usted, como persona. Con suerte, comprenderá lo que significa en términos de su crecimiento personal, interpersonal y de sus habilidades y capacidades que sin duda estarán en marcha durante mucho tiempo, probablemente hasta que abandone la Tierra.

Pero, ¿cómo tomar toda la información que le hemos brindado a lo largo de este libro y sintetizarla en un resumen final? Veamos un análisis final de lo que significa psicoanalizar y la mejor manera de hacerlo sin traicionar su código moral o invadir la privacidad de las personas.

El comienzo de nuestro resumen es, simplemente: No es necesario tener un título o incluso tener una comprensión más que básica de la psicología humana para poder analizar a alguien. El psicoanálisis es, en cierto sentido, un tipo de habilidad que está oculta de forma innata en muchas personas. Las personas que sufren de una neurodivergencia pueden tener dificultades con esta comprensión básica incorporada de las señales sociales y la dinámica del comportamiento. El psicoanálisis es una palabra extensa y compleja, pero es alcanzable. Puesto del modo más simple posible, el psicoanálisis es la capacidad de cualquier persona para poder observar a otro durante un período de tiempo determinado y lograr hacer una estimación aproximada de la personalidad de esa persona, o al menos poder comentar con precisión cualquier aspecto de la persona. Es posible que pueda obtener en un corto período de tiempo suficiente información que le ayudará a tomar decisiones rápidamente durante un período de uso más prolongado.

Nosotros, como seres humanos, nos conectamos de una manera muy inusual en ocasiones. Tenemos esta forma de conectarnos de una manera confusa y a menudo desordenada, como piezas de rompecabezas que realmente solo forman una imagen coherente si toca un poco los bordes de la forma. Todos somos personas conscientes que sin saberlo seguimos tendencias y reflejamos a nuestros amigos mientras buscamos una buena vida, sin embargo, esa buena vida puede estar intentando encontrarnos. No importa el escenario, todos somos humanos. Este sentido filosófico de compañerismo va más allá de las últimas horas de la noche en las que nos volvemos hacia las estrellas y contemplamos el por qué estamos aquí. Esta sensación de unión que obtenemos alimenta nuestro deseo, nuestra extraña, y a menudo morbosa, compulsión de conectarnos. Muchos pueden preguntar por qué tenemos este deseo de conocer gente nueva y hacer cosas nuevas. Algunas personas pueden negar su conexión con la masa de la población por completo, insistiendo en que son de alguna manera inconcebiblemente diferentes de la multitud. Sucede que cuando las personas rompen el curso de la tradición, creamos una nueva de una manera que, por derecho propio, se convierte en otra tendencia más para la población en general.

Tenemos la compulsión de interactuar e intentar forzarnos a conectarnos a menudo simplemente por el egoísmo de saber lo que percibimos como la verdad. Si sentimos que sabemos, automáticamente tenemos algo sobre todos nuestros amigos, nuestros compañeros, nuestros enemigos, y queremos desesperadamente tener esta sensación de estar separados, o incluso mejor de alguna manera. A veces las personas se cansan de este universo en el que nos encontramos e intentamos avanzar de una manera que nunca antes habíamos visto en el pasado. Este es especialmente el caso a veces para las personas que viven de una manera en la que el objetivo principal de la vida es sobrellevar las cosas y tratar de sobrevivir. Los adolescentes pueden sentir que solo quieren vivir por su cuenta lo antes posible. Las familias que viven en la pobreza o en situaciones de restricción financiera pueden sentir que apenas pueden sobrevivir y desean buscar una nueva y mejor forma de vida. Algunos pueden no sentir una tensión financiera, pero tienen otros problemas serios para los cuales deben buscar respuestas diariamente para sobrevivir. Algunos pueden adoptar algo similar a una teoría de conflicto social, el paradigma sociológico propuesto por primera vez por el famoso comunista Karl Marx, quien propuso que cualquier sociedad es poco más que un ring de boxeo o un coliseo para que los trabajadores de cuello blanco y obreros se entablen en una lucha eterna y sin fin para mantener o tomar el control de la otra parte. Esta forma de ver el mundo puede parecer morbosa y pesimista, pero "es acertada" como afirman. Existen, por supuesto, otras formas más optimistas o al menos más justas de ver el mundo que nos rodea. Por ejemplo, el funcionalismo estructural dicta que cada grupo y facción dentro de la sociedad funciona como una máquina correctamente engrasada. El interaccionismo social, que plantea la hipótesis de que tal vez no es la totalidad de la sociedad la que está interactuando de alguna manera, sino que la sociedad en su conjunto se manifiesta por completo de maneras más obvias, simples e inocuas, de modo que al menos dos personas interactuarán entre sí en cualquier momento. Este concepto también señala que no existen realidades "crudas" en el mundo, solo "hechos" reconocidos que solo pueden ser vistos como hechos para aquellos que en un momento han acordado otorgar a los llamados "hechos" cierta validez. Todos estos paradigmas trabajan juntos para dividir a los sociólogos y filósofos en sus puntos de vista sobre cómo la sociedad opera y puede cambiar. Es probable que tales conceptos continúen siendo fuente de debate y discusión entre los funcionarios altamente respetados, incluso en la actualidad.

Y en esta era moderna en la que vivimos ahora, ¿qué se puede obtener del arte del psicoanálisis? En cierto sentido, ¿no hemos descubierto ya todo lo que se tiene que saber sobre la mente humana, la psique, e incluso enseñamos a nuestros hijos?

No, por supuesto que no. A diferencia de muchas asignaturas como las matemáticas o la física, que parecen tener una cantidad más limitada de información que podría obtenerse, la psicología se desarrolla cada vez más diariamente. De los aspectos físicos de la psicología estamos descubriendo más sobre aspectos como la plasticidad cerebral, que es la capacidad innata del cerebro para cambiar sus necesidades y parámetros operativos. Hemos aprendido que el cerebro no es realmente un órgano estático o inmutable, como alguna vez pensamos. Estudiar el tamaño y muchas funciones de los lóbulos y secciones del cerebro nos ayuda a descubrir otros aspectos sobre las enfermedades mentales, los trastornos y los conceptos de psicología conductual. Estamos aprendiendo rápidamente sobre todo tipo de estas enfermedades mentales y la mejor forma de tratarlas y, mejor aún, prevenirlas.

Algo más de lo que aprendemos es la psicología de nosotros mismos. Como psicoanalistas, la parte más importante de poder analizar a alguien es poder analizar a fondo a la persona que indiscutiblemente conoce mejor, que es, por supuesto, usted mismo. Si uno no puede revelar por qué podría hacer ciertas cosas o qué podría indicar su lenguaje corporal sobre su estado emocional actual, ¿cómo podría esperar revelar estas cosas sobre otra persona? Es como decir que probablemente podría impactar a un pez que se mueve a través de un arroyo con una flecha, pero que descuida incluso practicar con uno fijo en tierra. Sobreestimar sus habilidades es la caída del hombre en todas las profesiones, incluidos los antecedentes psicológicos. Algunos de los sobre-estimadores más reconocidos de sus propias capacidades serán las personas que piensan que tienen una comprensión innegable de la psicología de todos los seres humanos porque creen que el nihilismo, que es un rechazo de todos los principios morales, es la respuesta a todo. Este es el tipo de persona que puede tratar activamente de difundir su propio evangelio negativo, o tal vez creen que están por encima de las personas optimistas porque consideran que sufren la carga de un conocimiento superior, en comparación con otros psicoanalistas e individuos analizados.

Este tipo de persona también tiene una marca registrada, por así decirlo, por su propia forma consistente de ver a las personas. Las personas con mentalidad nihilista a menudo perciben al hombre como una bestia maliciosa predeterminada, y que los humanos están obligados a ser lo que llamarían "malvados". También existen algunos que llamarían a las personas inherentemente "buenos", tal vez debido a sus experiencias pasadas, a su fe o religión, o tal vez simplemente para que sientan que han contenido su propia brújula moral. En cualquier caso, la mayoría de los sociólogos están de acuerdo en que estos dos puntos de vista están equivocados, cuando se formulan brevemente y en oposición a su propio pensamiento personal. La mayoría de los profesionales que se especializan en cualquier tipo de campo que persiga el razonamiento del hombre en ocasiones pueden estar de acuerdo en que las personas no son inherentemente "buenos" o "malos". Pueden elegir comportamientos profesionales que significan que deben emplearse conceptos y acciones neutrales en sus interacciones colectivas. por el bien de aquellos a quienes buscan ayudar.

Todos vivimos en el mismo período de tiempo, en la misma Tierra, y algunas personas incluso están leyendo este libro dentro del mismo país. Incluso podemos estar viviendo en el mismo estado o ciudad. Todos coexistimos, pero luchamos constantemente al mismo tiempo. Todos estamos interactuando unos con otros, dando sentido al mundo. Sin embargo, en el mismo instante esas micro interacciones se traducen en interacciones masivas entre trabajadores de cuello blanco y obreros, entre hombres y mujeres, entre grupos étnicos y facciones espirituales o religiosas, y entre sociedades como entidades vinculadas. Entonces, en ese sentido, los tres paradigmas sociológicos que mencionamos anteriormente son necesarios en su propio formato respectivo. Necesitamos una variedad de puntos de vista del universo, para que podamos entenderlo mejor y poder verlo desde diferentes puntos de comprensión. Si nos permitimos coexistir en lados opuestos de un cuerpo planetario, es más probable que podamos verlo correctamente como un planeta entero. Podemos recopilar nuestra información sobre ese planeta que es importante para nosotros para crear una vista más colorida, descriptiva y desarrollada con mayor precisión si lo hacemos juntos. Cada persona puede conservar su propio punto de vista, muchos de los cuales hacen lo mismo, mientras respiran el mismo aire.

Y, sin embargo, en el extraño estado de sociedad de Schrodinger con un estilo que incluye tanto la calma como el caos, nos encontramos unidos en tiempos simples y aparentemente sin importancia en nuestras vidas. Cuando miramos hacia la luna en la oscuridad de la noche, a menudo nos consuela saber que no importa cuán lejos estén, nuestros seres queridos están "debajo" de la misma luna. No importa a dónde viajemos o cuán lejos parezcamos sentirnos de las personas que más amamos, muchos de nosotros creemos que todos estamos conectados intrínsecamente a través del terreno firme sobre el que todos caminamos a diario. Recuerde esto y conserve la calma cada vez que sienta que la corriente de su vida diaria y las luchas diarias que le unen aún más entre sí lo derrumban. Busque la compañía de alguien en quien pueda confiar y disfrute viendo sus diferencias brillar y fascinarlo mientras aprende a apreciar su propia singularidad personal.

Todos estamos unidos porque tenemos mucho que descubrir sobre nosotros mismos como personas. Lo que nos une tan estrechamente es que todos somos ignorantes en comparación con lo que nuestro conocimiento colectivo como especie podría decirnos si pudiéramos compilarlo adecuadamente. Como afirmó una vez Sócrates en un famoso trabajo de Platón: "Solo sé que no sé nada". Aunque tal vez sea una simple paradoja, un truco mental para confundir al lector, puede ofrecer una visión mucho más profunda del hombre en sí. Sentimos que somos conscientes de nuestra consciencia, pero ¿cuánto más podemos analizar realmente nuestra consciencia? ¿Cómo podemos comprobar el uno al otro, e incluso a nosotros mismos, que somos conscientes? Esta es una de las muchas preguntas que puede reflexionar en sus pensamientos a medida que desbloquea las diversas habilidades psicológicas que ha guardado en su interior.

Segunda Parte: Eneagrama

Una Guía Esencial para Descubrir los 9 Tipos de Personalidad para Elevar su Autoconciencia y Comprender Otras Personalidades para Construir Mejores Relaciones y Mejorar la Comunicación

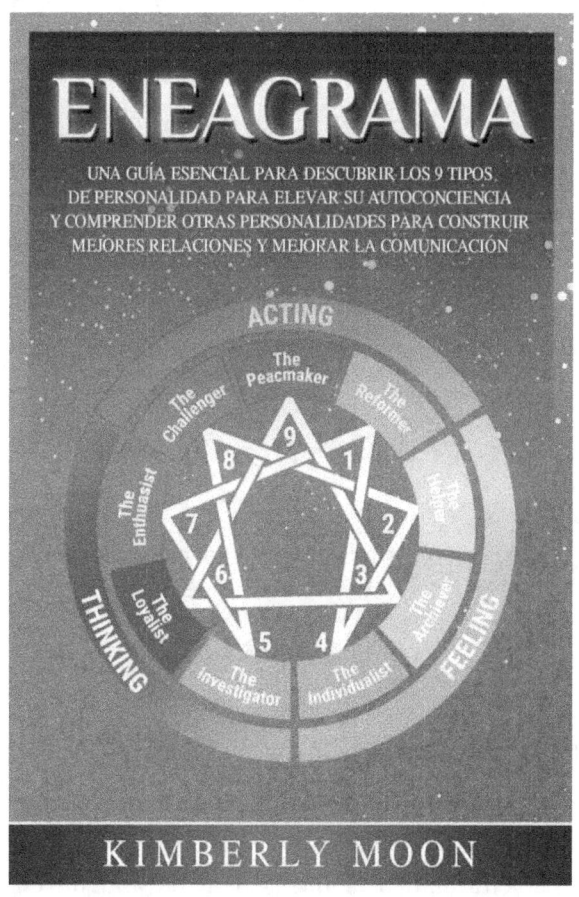

Capítulo 1: Historia y Origen del Eneagrama

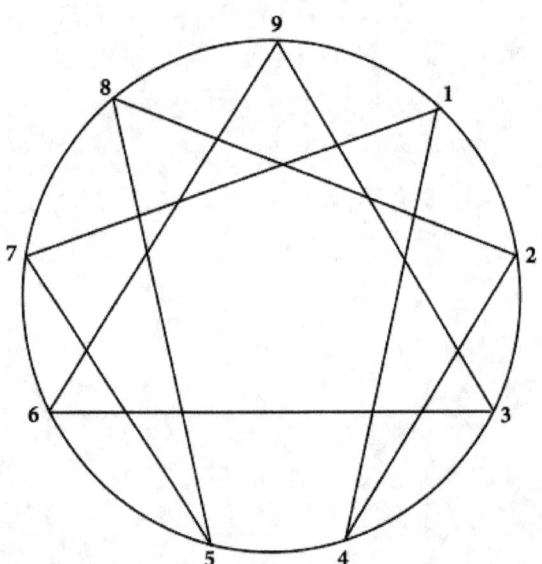

La historia del Eneagrama de la Personalidad es ampliamente discutida, pero existen algunos puntos principales que se acuerdan como factores contribuyentes principales. Ciertamente parece tener raíces que se remontan a la filosofía de la antigua Grecia. Algunos enfatizarán las cualidades matemáticas y geométricas y evocarán a

Pitágoras y Boecio; otros señalan sus conexiones con la tradición de la Cábala. Estas diversas tradiciones constituyen el marco que expresa los arquetipos intrínsecos que se pueden encontrar en el Eneagrama de la Personalidad y sirven como perspectivas y tradiciones a considerar al abordar el uso del Eneagrama para el autodesarrollo.

El esencialismo platónico sirve como fundamento para muchos de los arquetipos y la sistematología simbólica involucrados en los fundamentos del Eneagrama. Básicamente, esto proviene de la filosofía de Aristóteles y Platón, y afirma que cada persona posee una "esencia". Este "esencialismo" es un concepto humano central que alude a la Esencia del alma. La idea está firmemente arraigada en la creencia de la existencia del concepto del alma humana. El esencialismo platónico se originó en Grecia y Asia Menor. Eventualmente, las ideas se trasladaron, como las especias y los materiales, geológicamente al sur, a algunas áreas ahora conocidas como Siria e incluso más allá de Egipto. Fue en estos lugares donde las ideas fueron adoptadas por los primeros místicos cristianos que se centraron en las maneras en que la forma divina se perdió en el ego. Este es el origen del concepto cristiano de los siete pecados capitales. La inspiración original para los siete pecados capitales cristianos estaba contenida en el mismo material que contenía los nueve tipos del Eneagrama.

La mayoría de los expertos están de acuerdo en que fueron los sufíes, personas de la secta del islam que enfatizan el misticismo y el éxtasis, quienes desarrollaron el concepto de tipos de personalidad. Eran personas espirituales y místicas, que se dedicaron a la investigación espiritual. La cultura de los sufíes estaba profundamente arraigada con el misticismo. Fue bajo su influencia en los siglos XIV y XV que se definió la idea de las personalidades. Era una creencia sufí que existían nueve patrones u orientaciones esenciales para la vida. Estos patrones y orientaciones representaban la imagen de Dios que existe dentro de una persona. También existe el otro lado de esta representación: la fuerza opuesta dentro de la persona, que sirve para bloquear la realización del poder interno.

Los sufíes tenían una tradición de desarrollo espiritual que alentó a las personas a encontrar su camino hacia Dios durante muchos años, y fueron testigos de la observación directa de las nueve formas en que las personalidades individuales se manifiestan y cómo se encuentran con obstáculos en su recorrido. Para resumir la pregunta principal de los sufíes, podría hacerlo así: ¿Qué sucede? ¿Qué pasa con nuestra bondad original? ¿Qué sucede en el camino para volvernos distraídos, ansiosos o demasiado enojados para tener claridad en nuestras vidas? La filosofía sufí es congruente con la de Platón. Tenían una concepción de la experiencia humana que coincidía con el esencialismo, proporcionando un medio para alcanzar el desarrollo personal y la autorrealización.

Los sufíes creían que nuestro desarrollo psicológico y espiritual (nuestras experiencias, nuestra educación, nuestras actitudes y nuestra posición en el mundo) aumentan la tensión entre dos verdades dualistas que se encuentran en cada aspecto de nosotros: la virtud o la verdad esencial que imita la forma divina, o el vicio, que sirve para distorsionar y subvertir cada virtud. Puede notar cómo esto ha influido directamente en el Eneagrama. Cada tipo de Eneagrama posee un vicio esencial y una virtud esencial. Estos son rasgos que personifican naturalmente y que pueden surgir ante los desafíos. La virtud y el vicio de cada tipo pueden aclarar la manera en que se posicionan en el mundo y en sus ideas.

Piense en la forma en que nuestra educación y contexto influyen en la forma en que se expresa nuestra personalidad. Si un niño crece en un hogar caótico, un entorno en el que debe protegerse, entonces desarrollará formas de protegerse. Las partes más desarrolladas y más utilizadas de la personalidad del niño serán las que sirvan de protección. Esto podría manifestarse de muchas maneras, ya sea que las estrategias sean adecuadas para el niño o no. Una vez que estos comportamientos y actitudes están firmemente establecidos, una persona siente que tiene una identidad y el ego comienza a aferrarse. Posteriormente desarrollamos estrategias para proteger de las críticas a las partes no desarrolladas.

Los sufíes tenían una fascinante y vasta tradición de meditación, oración y misticismo. Este camino hacia la guía espiritual ha llevado a los sufíes a integrar diversos conceptos con la espiritualidad. A medida que sus capacidades matemáticas crecían en el siglo XV, los matemáticos sufíes descubrieron el sistema decimal. Esto condujo al concepto de fracciones decimales periódicas (cuando uno se divide por tres o siete). A medida que su comprensión científica y matemática del mundo crecía, este conocimiento se incorporó y fusionó en su comprensión espiritual, y el Eneagrama fue uno de los productos de este matrimonio de la ciencia y la fe. En los nueve puntos de energía que describe el Eneagrama, los sufíes observaron nueve refracciones del único amor divino. La palabra Eneagrama en sí proviene de las palabras griegas *ennea* ("nueve") y *gramma* ("letra").

Los sufíes entendieron el potencial de conocimiento para explorar nuestros vicios. La tradición sufí pregunta: "¿Qué nos enseñan nuestras cualidades negativas?" Y fomenta la idea de que se puede obtener un valor positivo y enriquecedor al explorar nuestros lados negativos. Antes de continuar y comprendernos a nosotros mismos, tenemos que observar cómo nos beneficiamos de los vicios.

La Cábala es una cepa mística antigua del judaísmo. Es a la vez una escuela de pensamiento, un método y una disciplina del judaísmo. Representa el Árbol de la Vida. El Árbol de la Vida es un símbolo en la Cábala que se considera como un mapa que ilustra varios aspectos del mundo y nuestra experiencia en él. El Árbol de la Vida ofrece otra interpretación de las formas divinas que se manifiestan en nuestros comportamientos. La Cábala tiene nueve Sefirot, que se correlacionan con el Eneagrama. El punto uno se alinea con Hojmá (padre que todo lo sabe, correcto, interiorizado, Abba), el punto dos con Biná (comprensión, control, madre suprema), el punto tres con Gedulá (ímpetu, para ser grandioso), el punto cuatro con Tiferet (belleza, anhelo romántico), punto cinco con Din (confinado, encerrado, limitado), punto seis con Netzá (autoridad duradera y buscadora), punto siete con Hod (esplendor), punto ocho con Yesod (fuerza seminal) y punto nueve con Shejiná (aceptando presencia).

Debido a sus raíces de gran alcance, posiblemente universales, el Eneagrama parece ser en su mayoría congruente con la mayor parte de las tradiciones religiosas más importantes. El Eneagrama es conocido en la tradición cristiana como un puente entre la espiritualidad y la psicología. Con un poco de investigación, podemos entender cómo el sistema del Eneagrama encaja con múltiples fuentes seculares y sagradas con respecto a los vicios y la virtud, o la inteligencia y las debilidades. Múltiples sistemas de personalidad antiguos están contenidos en variantes del modelo de Eneagrama en el cristianismo, el sufismo y el judaísmo. Esto implica que el Eneagrama posee una resonancia antigua y común con muchos pueblos de la tierra. En la tabla que se muestra a continuación, se muestran cuatro interpretaciones ideológicas de los conceptos contenidos en el Eneagrama.

Eneagrama	Cábala	Pecados Capitales	DSM-V
1.) El Perfeccionista	Hojmá: omnisciente, correcto	Ira	Compulsivo
2.) El Servicial	Biná: comprensiva, madre suprema	Orgullo	Histriónico
3.) El Triunfador	Gedulá: ímpetu para ser grandioso	Engaño (auto)	Narcisista (secundario)
4.) El Individualista	Tiferet: belleza, anhelo romántico	Envidia	Depresivo

5.) El Investigador	Din: confinado, cerrado	Avaricia	Evasivo
6.) El Leal	Netzá: buscando autoridad	Temor	Paranoico
7.) El Entusiasta	Hod: esplendor	Gula	Narcisista (primario)
8.) El Desafiador	Yesod: fuerza seminal	Lujuria	Sociópata
9.) El Pacifista	Shejiná: aceptando presencia	Pereza	Obsesivo compulsivo

Ivonovich Gurdjieff tiene un lugar importante en la historia del Eneagrama. Era un aventurero y buscador ruso que había estudiado el misticismo tibetano, sufí, indio y cristiano. Curiosamente, Gurdjieff se percató del Eneagrama en Afganistán. Sin embargo, Gurdjieff no usó el Eneagrama como una tipología de personalidad. Lo consideraba como una especie de piedra filosofal, que poseía una profunda resonancia en la experiencia arquetípica de la humanidad. El Eneagrama de Gurdjieff parece haber surgido de alguna forma directa del Árbol de la Vida Cabalista. El trabajo de Gurdjieff sentó las bases para el trabajo de Oscar Ichazo.

La fase significativa más moderna del desarrollo de la teoría en torno al Eneagrama fue en los años sesenta y setenta, durante el trabajo del filósofo Óscar Ichazo. Ichazo era originario de América del Sur, y después de visitar varios lugares de Asia, regresó a Buenos Aires para desarrollar sus ideas, y finalmente creó la Escuela Arica. La Escuela Arica consistía en un sistema de psicología influenciado por la metafísica y la espiritualidad, basado en los siglos de enriquecimiento en torno al símbolo del Eneagrama, creado para ayudar a las personas a alcanzar nuevos niveles de autorrealización. La nueva concepción de

Ichazo del Eneagrama reconoce la influencia del judaísmo místico, el cristianismo, el islam, el budismo y la filosofía griega antigua. Consideró su trabajo como una forma de aclarar la relación entre nuestro yo esencial y nuestro yo egoísta. Para Ichazo, existe un potencial en cada ser humano para estar en armonía con el mundo, para prosperar contra sus desafíos y establecerse cuando exista comodidad y tranquilidad.

El Eneagrama es una topología; no es única en ello, y existen diversos sistemas de tipología para la personalidad. La astrología, por ejemplo, encuentra doce categorías para los tipos. El psicólogo Carl Jung, en sus escritos, utiliza la premisa de que existen tres pares de funciones que se expresan de manera diferente en cada persona: extroversión-introversión, percepción-intuición y pensamiento-sentimiento. En cada caso, una persona favorecerá a uno de cada uno de ellos, mostrándonos ocho tipos distintos de personalidad. Los arquetipos de Jung también apoyan y enriquecen el Eneagrama. Los arquetipos de Jung y cómo se relacionan con los tipos del Eneagrama se discutirán más adelante.

La tipología de Briggs Myers ha sido ampliamente utilizada desde su concepción. Isabel Briggs Myers desarrolló este sistema al considerar un conjunto diferente de funciones. Son aquellas que perciben el juicio, la inclinación a apresurarse y tomar decisiones rápidas y claras en lugar de la receptividad a muchas influencias y tipos de información. Finalmente desarrolló el Indicador de tipo Myers-Briggs, una prueba que distingue entre los dieciséis tipos de personalidad que se incluyen.

El psicoanalista Fritz Riemann fue influenciado por la astrología cuando elaboró un esquema de los miedos humanos. Asume cuatro miedos básicos: el miedo a la cercanía, el miedo a la distancia, el miedo al cambio y el miedo a la permanencia. Esto da como resultado los cuatro tipos básicos de Riemann: esquizoide, depresivo, compulsivo e histérico.

El principio rector para estos diferentes modelos de clasificación de personalidad es que todas las personas son diferentes, pero algunas personas tienen experiencias, comportamientos y actitudes que son notablemente similares entre sí. Una tipología puede considerarse como una especie de mapa que tiene el propósito de facilitar una visión general del alma. El Eneagrama es un círculo cuya circunferencia se divide en nueve puntos. Los puntos están numerados en sentido horario del 1 al 0. Los puntos 3, 6 y 9 están unidos en un triángulo, al igual que 1, 2, 4, 8 y 5 y 7 en un hexágono.

Capítulo 2: Los Tipos de Personalidad

El Eneagrama de la personalidad describe nueve cosmovisiones y perspectivas contrastantes. Estos pueden considerarse como estrategias para navegar la travesía de la vida. También se pueden describir como patrones. La teoría de estos tipos de personalidad no es que describan un individuo perfecto o un individuo negativo. Más bien, en cada uno de los tipos está contenido un patrón que se desarrolla de diversas maneras y direcciones. Por ejemplo, el Entusiasta, o Tipo Siete, tiene la capacidad de usar su fuerza e intensidad para realizar un bien excepcional por el bienestar de los demás, o para un mal indescriptible. Las características enumeradas que van con cada tipo pueden considerarse mecanismos de afrontamiento, hábitos, o estrategias; estas se pueden desarrollar de manera hábil o no. En la descripción inicial de cada tipo, existen algunas clasificaciones. La Tríada, que se describirá con mayor profundidad más adelante, describe algunos de los impulsos básicos y los temores de los nueve tipos que se dividen en tres grupos. El enfoque espiritual del tipo es donde encuentra su enfoque general como individuo la mayor parte del tiempo, para bien o para mal. La Fuerza es un ejemplo de una característica adaptativa común del tipo, y la Debilidad es un ejemplo de una característica desadaptativa. La Dirección Positiva describe un camino positivo para el crecimiento que se observa comúnmente entre los individuos indicados. La esencia trata sobre el posicionamiento de una persona en el mundo, la forma auténtica en que observa su belleza. Esto nos lleva a la Personificación Segura y a la Personificación del Estrés. Los tipos tienden a cambiar en su personalidad para personificar características de otros tipos cuando están estresados, y de manera similar, las personas también cambiarán su personalidad cuando se sientan seguras y positivas. La Personificación Segura muestra a qué tipo de personalidad tiende a cambiar un tipo dado al estar en su mejor momento. La Personificación del Estrés muestra cómo un determinado tipo tiende a cambiar cuando se siente preocupado, ansioso, estresado o poco saludable. La última categoría en los tipos de descripción inicial son las Alas de cada tipo de personalidad. En cada tipo, tienden a actuar como los tipos situados justo al lado de ellos en el círculo, que como los otros tipos. Por ejemplo, un Siete actuará más como un Ocho y un Seis que cualquiera de los otros tipos. Están más cerca en la forma en que perciben el mundo. Observe las descripciones de cada uno de los tipos y considere cómo usted y otras personas que conoce se relacionan con ellos.

El Tipo Uno es el Perfeccionista

- Tríada: Defensor
- Enfoque Espiritual: Corrección de errores, una mentalidad correcta e incorrecta
- Fuerza: Orientación moral
- Debilidad: Error
- Dirección Positiva: De la crítica y el juicio a la serenidad
- Esencia: Perfección
- Personificación Segura: El Entusiasta

- Personificación del Estrés: El Individualista
- Alas: el Pacifista y el Servicial

Ejemplo de Caso de Personalidad 1

Deirdre es gerente comercial en una extensa cooperativa de crédito local. Ella fiscaliza la mayoría de sus operaciones y es responsable de una gran cantidad de supervisión. Deirdre es conocida como una mujer meticulosa, que juega a lo seguro y presta atención a los detalles. Se siente plena cuando puede llenar su vida de organización y puntualidad, y le gusta que las cosas estén ordenadas. Le llevó unos años después de que comenzó a trabajar en su entorno actual para conseguir que su oficina le agradara. Le gusta el diseño minimalista y simple. A Deirdre realmente no le agradan los ruidos molestos y trasladó su oficina privada al otro lado del edificio del ocupado vestíbulo. Su oficina es muy pacífica; los sonidos son amortiguados y tiene una sensación de privacidad.

La limpieza y el orden son requisitos previos para trabajar con Deirdre. La parte superior de su nítido escritorio refleja el sol que brilla perfectamente a través de la ventana, que no tiene una pizca de polvo o manchas detectables. Las plantas de la oficina están perfectamente cuidadas y espléndidas. Los archivos están delicadamente etiquetados, y todo está codificado por color y formato.

A veces se requiere que Deirdre sea una especie de vendedora; lo cual le desagrada. Por lo general, puede dejar esos deberes para otro momento. Sin embargo, incluso cuando lo hace, proporciona una supervisión estricta para asegurarse de que todos los aspectos del negocio funcionen adecuadamente. Escribe notas extremadamente detalladas. Todo debe ser claro para que el mensaje sea comprensible y no se malinterprete. Desde que comenzó como gerente comercial, las operaciones de la cooperativa de ahorro y crédito han funcionado mejor que nunca. Lo que le ha brindado a la compañía es un sentido de compromiso y responsabilidad.

Los sábados por la noche, puede encontrar a Deirdre en el Howling Moon, un pub local y recinto de música, tocando el violín en la sesión abierta de música bluegrass. Ella y otros músicos de bluegrass se reúnen para elegir y tocar canciones, compartir risas y practicar sus habilidades. Casi nadie sabe que Deirdre lo hace. Le resulta una gran liberación tocar su violín en una sala con poca luz, improvisando y a veces incluso cantando hasta altas horas de la noche.

Caso de Personalidad Ejemplo 2

Steven es el supervisor principal de una empresa de contratación en Colorado. Es un área rural y, a menudo, el trabajo incluye viajar por una remota región del estado para tomar empleos. De manera frecuente se encuentra en la carretera conduciendo durante horas. No le importa hacerlo; sin embargo, descubre que aún puede ser productivo viajando en automóvil. En ocasiones registrará instrucciones en su teléfono o pasará el tiempo en llamadas de conferencia con clientes o compañeros de trabajo. Otras veces escuchará grabaciones de charlas motivacionales o programas de superación personal en su camioneta durante estos largos recorridos. En ocasiones, escucha un álbum de Willie Nelson y se pierde en sus pensamientos, pero solo a veces.

Steven tiene un buen sentido del instinto sobre cómo presentarse. No podría explicar cómo lo logró, pero sabe qué funciona y qué no. Puede usar su overol de Carhartt cuando se reúne con rancheros en las colinas, pero cuando viaja a Denver, se pone su sombrero de vaquero, su impecable camisa y su corbata de bolo. Steven es sorprendentemente crítico a veces con las personas que no se han vestido adecuadamente para una ocasión. Verá a alguien y lo etiquetará como "vagabundo" o "niño tonto". Por lo general, guarda sus críticas para sí mismo, pero a veces se enoja, y quienes trabajan con él saben que sus juicios pueden ser duros.

En una ocasión, un capataz lo acusó de ser insensible, y Steven realmente sintió el pinchazo de este comentario. Se sentía como una verdad dañina que podría usarse contra él. A veces, Steven tiene dificultades para mantener a los trabajadores cerca; tienden a carecer de un sentido de confianza en él. No confía en sus compañeros de trabajo, pero tiene la necesidad de asegurarse de que todo esté exactamente correcto y, a menudo, verifica el trabajo de la gente de manera exagerada. Siente que es responsable de cada detalle.

Steven ha notado la cantidad de críticas que lo afectan y trata de ser gentil cuando critica a los demás. Es solo parte de su naturaleza obsesionarse con las cosas.

Dejando a un lado los problemas, Steven tiene una excelente reputación como supervisor y ha defendido a la compañía en innumerables ocasiones cuando las cosas se pusieron difíciles. También defiende a sus trabajadores de las exigencias a veces poco realistas de los gerentes de mayor rango en su empresa. Se asegura de que el sistema para el que trabaja sea justo.

Los Tipo Uno son idealistas, que luchan por la verdad, la justicia, la equidad, la honestidad y el orden moral. A menudo son muy buenos líderes, pero tienen problemas para aceptar sus imperfecciones y las de los demás, ofreciendo demasiadas críticas a sí mismos y a los demás.

La familia de origen y la experiencia de la infancia son siempre partes integrales de la razón de ser de una persona. El Perfeccionista generalmente intentó ser un ciudadano modelo desde muy temprano en su vida. Durante la infancia, se les indicó que deben portarse de manera adecuada, comportarse, esforzarse y trabajar duro, no ser infantiles, y hacer las cosas mejor. A menudo, los padres de un perfeccionista serán moralistas o eternamente insatisfechos. Pueden encontrar dificultades para alabar a sus hijos en el grado apropiado o dar por sentado la bondad superior promedio. El Perfeccionista aprendió a producir esta "bondad" porque tenía miedo de perder el amor de los padres. El Perfeccionista se encontrará con el temor de perder la atención y el amor y cumplirá con las expectativas excesivas de su madre y/o padre.

Los de Tipo Uno intentan ser buenos para no ser castigados. A medida que el perfeccionista avanza hacia la edad adulta, descubrirán que han internalizado las voces de estas figuras exigentes en su infancia. Las voces pueden evocar pensamientos de "sacrificio", bondad o acción generosa. La última pregunta que suelen hacer estas voces es: "¿Eres lo suficientemente bueno?" Dentro del Perfeccionista, la corte siempre está en sesión. El enjuiciamiento presenta ejemplos de cuando la persona no era lo suficientemente buena o cómo nunca podrían ser lo suficientemente buenos. El acusado, fuerte al principio, ofrece casos en los que la persona hizo lo suficiente pero nunca ganó el caso.

Ahora, existe un poco de moralismo, idealismo y perfeccionismo en casi todos los tipos, pero el Tipo Uno toma este instinto al frente y al centro cuando trata con el mundo. Por lo tanto, el vicio clave del Perfeccionista es la búsqueda de la perfección. A veces, un perfeccionista tendrá una impresionante experiencia. Una en la que queden completamente atrapados: una hermosa puesta de sol, una pintura o pieza musical perfecta, o una persona. Un Perfeccionista conocerá a alguien que le parezca perfecto al principio, en su mente; cumplen los requisitos de una persona perfecta. A medida que avanza la relación, el Tipo Uno eventualmente encontrará los defectos de la persona y se decepcionará. Una tendencia común para el Tipo Uno es que se vuelvan infelices porque el mundo que los rodea no es lo que creen que debería ser.

La ira es la raíz del vicio clave en el perfeccionista. El Perfeccionista se avergüenza de su ira y sus defectos, y la evasión entra en juego. La ira es algo imperfecto. Esto coloca a la mayoría de los Tipo Uno en un dilema. Pueden sentir enojo porque el mundo no es perfecto, pero no pueden expresarlo porque mostrar enojo les hace creer que no son perfectos.

En casos extremos, el Perfeccionista puede estar viviendo una doble vida. En público, son impecables, morales y sin culpa. Pero en algún lugar de la vida de la persona, la oscuridad reprimida se muestra, ya sea que se trate de comportamiento, pensamiento o desorden de otras maneras.

El reverso de la búsqueda de la perfección es la tranquilidad alentadora. Esta puede ser una excelente manera para que los Tipo Uno luchen en su búsqueda de la perfección. La tranquilidad alentadora también podría describirse en parte por la idea de origen budista o la bondad amorosa, una parte de la tradición del *mindfulness*. Cuando un Tipo Uno se esfuerza por la bondad amorosa o la tranquilidad alentadora, se están calmando, moderando y aceptando lo que significan las cosas sin buscar que sean diferentes.

El Tipo Dos es el Servicial

- Tríada: Apegado
- Enfoque Espiritual: Necesidades de Otros
- Fuerza: Dar verdaderamente
- Debilidad: Necesidades propias
- Dirección Positiva: Del orgullo a la humildad
- Esencia: Libertad
- Personificación Segura: El Individualista
- Personificación del Estrés: El Entusiasta
- Alas: el Perfeccionista y el Desafiador

Ejemplo de Caso de Personalidad 1

Charlie enseña a estudiantes de ocho años en tercer grado. Esto es lo que quería hacer desde la infancia. Puede recordar haber fingido ser un maestro mientras jugaba con amigos, alineando a los niños del vecindario en filas mientras él se paraba y daba la conferencia desde una pizarra de juguete, un regalo que había recibido de sus padres. Se encontró a sí mismo como a un cuidador incluso en aquel entonces. Obtuvo la aprobación verbal de los padres de los niños, que pensaban que era adorable, y también de sus maestros. Cuando era niño,

Charlie se quedaba después de la escuela para poder ayudar a un maestro a llevar libros al auto. Sin embargo, él era selectivo; no ayudaba a todos los maestros, solo a quienes consideró que mantendrían la relación. Nunca ayudó al profesor de arte.

Era un estudiante modelo en la universidad. Charlie eligió participar en actividades que construirían su currículum de la manera más eficiente, pero se mantuvo ocupado con el trabajo voluntario, la secretaria del club de rugby y otras responsabilidades extracurriculares. Fue reconocido y popular entre sus compañeros y maestros, y mantuvo su orgullo por ser un facilitador y un servicial secreto.

Charlie siempre supo qué tipo de ambiente quería crear en el aula. Entonces, había estado enseñando en las aulas durante trece años. Su salón de clases actual fue creado para ser cómodo y seguro para los niños. Había materiales de arte, alfombras de felpa, materiales estimulantes, instrumentos, computadoras, todo proporcionado a los estudiantes en un entorno organizado y seguro. Le agrada ser la vía de acceso a la educación superior para los niños, reconociendo sus puntos fuertes y alentándolos a intentar cosas nuevas.

Si bien es consciente de las alabanzas y elogios que recibe a sus espaldas, Charlie no lo admite a sí mismo ni a los demás. Charlie sabe en el fondo que es un humano y que no puede ser el maestro más indispensable del mundo, pero trata de imaginar que es posible. Asume muchos deberes adicionales y ayuda mucho más que cualquier otra persona en la escuela. Incluso puede sentirse competitivo a veces cuando un tercero parece proporcionar tanta ayuda y asistencia como él. Le complace ver a los estudiantes anteriores cuando vuelven para visitarle.

Caso de Personalidad Ejemplo 2

Dawn tiene 45 años. Es sociable y cordial, y ha ejercido como psicóloga durante quince años. Ha sido un baluarte de seguridad y ayuda en su centro de terapia conductual en el que ha trabajado durante los últimos diez años. Originalmente, estudió psicología porque había escuchado el término "profesión servicial" para referirse a consejeros y terapeutas. Sabía desde muy joven que le agradaba ayudar a las personas. Siempre fue quien dio de sí misma. Cuidó adecuadamente a sus amigos y familiares.

Dawn ocupó su trabajo con gran respeto. Consideró que valía la pena celebrar que se le otorgara el honor de un puesto establecido trabajando con personas a las que ayudar. Es estable en su fiabilidad. Otros han ido y venido, pero Dawn ha permanecido trabajando en el centro de salud conductual durante diez años sin interrupción. Ha visto cómo diferentes personas trabajan con los pacientes y ella siempre es la opción a quien consultar cuando los estudiantes o profesionales más jóvenes tienen problemas con la documentación u otros asuntos escritos. Dawn ha tenido la oportunidad de ser ascendida a directora del centro más de una vez, pero se ha negado. Le entusiasma la oportunidad de trabajar directamente con los pacientes en lugar de tener las responsabilidades del primero en el mando.

Sin embargo, Dawn aprecia cuando las personas expresan gratitud hacia ella. La cantidad de trabajo que realiza en el centro no pasa desapercibida, y muchos consideran que no podrían hacer lo que hacen sin Dawn. Esto es muy motivador para ella, y obtiene un sentido de aprobación de los demás de esta manera.

Su centro ofrece una variedad de servicios, y Dawn acepta pacientes de todos los ámbitos de la vida. A veces, los pacientes habrán experimentado casos de trauma severo o problemas de drogas o alcohol. A veces, las personas tienen depresión leve o simplemente están demasiado estresadas. Dawn se siente muy presente en las sesiones individuales, incluso más que en el trabajo grupal. Se preocupa mucho por otras personas. Sus clientes pueden percibirlo, y ha ayudado a muchas personas a cambiar. Dawn también es voluntaria en un banco de alimentos local y parece tener una habilidad natural para hacer sonreír a la gente. Su fuerza impregna la habitación y hace que todos se sientan valorados. Ella sabe que esto es cierto, pero nunca lo admitiría ante ella ni ante los demás.

Los Tipo Dos, los Serviciales, a menudo buscarán relaciones y trabajos que se alineen con su necesidad de ayudar a los demás. Pueden encontrarse en profesiones de educación, atención médica o psicología. Apoyan a los demás cuando tienen que soportar el sufrimiento, el dolor o el conflicto. Esto le brinda al Donante la sensación de que tienen un lugar en el mundo y que alguien más está con ellos para ayudarlos (o necesitarlos) cuando lo necesitan. El Servicial a menudo tiene fallos que pueden ser más difíciles de ver que otros tipos. Pueden encontrar que tienen una necesidad excesiva de validación. Pueden descubrir que su experiencia de la infancia fue de vacío o tristeza. Este puede ser un entorno que carecía de seguridad o empatía. A menudo, el Servicial experimentó una familia de origen en la que el amor era condicional. Necesitaban cumplir un papel para tener amor. A veces, cuando las personas crecen en estas condiciones, les resulta difícil mirar hacia atrás de manera realista sobre su situación y pueden tener una visión color de rosa de su infancia. Una vez que miran más de cerca, puede recordarse que al principio tenían la sensación de tener que ser un apoyo para las necesidades emocionales de otros miembros de la familia. Es posible que hayan tenido la sensación de que tenían que hacerse útiles para ser notados y amados. A diferencia del Perfeccionista, el Servicial no se obsesiona con ser "bueno". Buscan ser amables y serviciales. A veces están convencidos de que son solo eso, y no más que eso. La imagen de una madre de un Servicial puede decir algo como "¡todo lo que he hecho por ti, y ahora haces esto!"

El Servicial mantiene continuamente su dedo al viento para determinar su dirección; a menudo están demasiado influenciados por su entorno. Lo que la gente a su alrededor dice que es, lo es.

Un niño que es Tipo Dos hará una gran entrada en una habitación, anunciando su presencia. Serán recompensados por ello con atención y amor y responderán con vitalidad. Sin embargo, cuando la atención se desvanece, el Tipo Dos se desvanece y se vuelve abatido, perdiendo energía.

Cuando el Servicial ingresa a la edad adulta, necesita adaptarse a las necesidades reales y la relación que conlleva. A menudo, cuando un Servicial no ha logrado ajustar su orientación como adulto, se encontrará necesitado y posesivo. Parecen estar diciendo: "déjame ayudarte", pero realmente el mensaje está más cerca de "necesítame". Obviamente, esto puede llevar al Servicial a ser manipulado; muchos pueden notar que el Servicial tiene una propensión a dar sin esperar nada a cambio excepto la necesidad.

Este problema es de identidad. El Servicial cambiará continuamente para satisfacer las necesidades de quien esté presente. Esto lleva al Servicial a tener múltiples seres, lo que puede conducir a un problema de integración de sí mismo.

En sus relaciones, los Tipo Dos pueden ser muy posesivos. Pueden relacionarse con compañeros sentimentales que son débiles o dependientes. Una relación común es aquella entre un Servicial y un adicto. La codependencia generalmente está en juego, ya que el Servicial ayuda al adicto, lo soporta todo, lo perdona y le brinda múltiples oportunidades. Esto, por supuesto, le permite al adicto mantenerse al día con su adicción. Son capaces de ser dulces y flexibles hasta el momento en que tienen miedo de perder su lugar en el amor.

Cuando alguien se encuentra personificando estos aspectos del Dador, debe encontrar una manera de rendirse a sí mismo. Este es el orgullo de un Dador. Querían ser el vertedero de basura de todos, pero cuando es su turno de abandonar partes de ellos mismos que son vulnerables, no pueden tomar el lugar del dependiente. Esto implica un miedo al rechazo y, a veces, la sensación de que "de cualquier manera no le agrado a nadie". El vicio clave para el Tipo Dos es el orgullo. Observamos que los Tipo Dos tienen dificultades para encontrar un verdadero autoconocimiento. En cambio, pueden evitarlo para un autoanálisis más sencillo que muestre cómo deben comportarse solo para los demás y no para ellos mismos.

El Servicial tiene dificultades para asumir riesgos. Esto puede servir no solo para proteger al individuo del daño, sino que también evita que la persona logre lo que podría lograr. Notan que compartir pensamientos y sentimientos personales es arriesgado. Una sensación de rechazo o desaprobación es un verdadero sabor amargo para un Servicial. Va en contra de su naturaleza.

Para estar en un camino de crecimiento, el Servicial a menudo necesitará aprender a experimentar sus emociones más intensamente. Tendrán que dejar de ser serviciales por un tiempo y concentrarse en sí mismos. Si el Servicial lo logra, descubrirán que pueden dirigir parte de su poder de ayuda a su interior. Esto resulta muy liberador para que el Servicial experimente, y podrían encontrar satisfacción en esta práctica. Les permitirá ser apoyados de mejor manera por otros.

Tipo Tres es el Triunfador

- Tríada: Apegado
- Enfoque Espiritual: Tareas
- Debilidad: Fracaso
- Fuerza: Liderazgo en representación de los demás
- Dirección Positiva: Del autoengaño a la honestidad
- Esencia: Esperanza
- Personificación Segura: El Investigador
- Personificación del Estrés: El Pacifista
- Alas: El Servicial y El Individualista

Ejemplo de Caso de Personalidad 1

John es conocido en el mundo culinario de su ciudad como un chef destacado. A la edad de veinticuatro años, recién egresado de una de las mejores escuelas culinarias, fue nombrado sous chef en un famoso restaurante de sushi exclusivo en Los Ángeles. John pasó los veranos durante su educación formándose en la industria de restaurantes en California. Era un líder carismático incluso entonces. Era tolerante y fácil de relacionar con los demás.

Inmediatamente, como nuevo chef, John demostró ser digno de la posición, yendo más allá de las tareas que le asignaron, a menudo dedicando horas adicionales o implementando nuevos detalles que el chef no había considerado en el pasado. Reunió un público fiel en la comunidad como un joven y talentoso chef.

Pronto, John fue contratado para ser jefe de cocina en otro restaurante prominente en Los Ángeles, donde trabajó en estrecha colaboración con otro conocido chef que tenía más años de experiencia que él. John desarrolló excelentes habilidades interpersonales y cultivó una gran red de compañeros profesionales y homólogos.

Actualmente John se destaca en varios entornos de trabajo, donde asesora a negocios de restaurantes exitosos en todo el país y el mundo, y parece estar alcanzando cada vez más sus logros.

Caso de Personalidad Ejemplo 2

Morty es conocido como un modelo a seguir en su ocupación. Es un erudito, líder y atleta increíble. Cuando estaba en la escuela, logró el más alto grado, yendo constantemente a todas las clases, determinado a ser el mejor. Su primer trabajo fue como profesor de matemáticas en una escuela secundaria privada pequeña, pero reconocida. Además de una carga completa de cursos, ayudó a enseñar la clase de cine y entrenó al equipo de fútbol. Estaba casado y tenía dos hijos en aquel momento, y después de un par de años en el aula, asumió una responsabilidad cada vez mayor en el departamento administrativo, hasta su tercer año cuando fue nombrado subdirector. Ese año, también realizó un taller y ejecutó un programa de verano para jóvenes en riesgo basado en el concepto de que, si enseñaba habilidades como enfoque, compromiso y habilidades vocacionales, ayudaría a los estudiantes con su autoestima.

A los veintinueve años, solicitó un trabajo como decano asistente en una escuela secundaria privada de excelente reputación. Él superó a todos los candidatos para el empleo. Mientras estaba en el proceso de entrevista, escuchó a los estudiantes sobre sus quejas con la administración. Pensaban que el director y el resto del personal de la escuela no escuchaban sus comunicados y no les prestaban atención. Hizo de esta una de sus principales prioridades. En sus primeros meses, se volvió accesible a los estudiantes al dejar siempre su puerta abierta y entablar una conversación informal con ellos. Sus alumnos desarrollaron buenas relaciones con él, ya que los alentó y les señaló sus oportunidades.

Morty estableció un nuevo sistema de gobierno estudiantil que complació tanto a su personal como a los estudiantes de la escuela. Mejoró los procedimientos anteriores y fue pionero en la nueva representación para los estudiantes, invitándolos a hablar en todas las reuniones públicas del superintendente y del director. Una de sus debilidades es la impaciencia. En lugar de esperar a que otras personas hagan las cosas por él, Morty realizó más y más por sí mismo. Finalmente se desplomó. Después de eso, Morty aprendió a elegir personas en las que podía confiar para obtener apoyo. Eventualmente logró una reputación casi legendaria como el administrador "más genial", y su personal respetó su trabajo.

Más adelante en su carrera, Morty siguió adelante y fue nombrado director de una prestigiosa escuela.

El Triunfador a menudo posee talentos especiales y se le facilita realizar las cosas y ser eficiente. Tienen un sentido especial para dimensionar las tareas y la dinámica de los grupos de trabajo. A menudo irradian facilidad y seguridad. Esto inspira confianza en los demás. Se identifican con el grupo o la comunidad en la que trabajan, y tienen talento para conservar un grupo unido. La creación de redes es importante para el Triunfador. Poseen un gran carisma, lo que puede ganarles gran influencia y éxito en proyectos de trabajo y otras actividades.

Los Tipo Tres a menudo tendrán grandes dificultades para percibir sus propios sentimientos. También sostienen su dedo hacia el viento, como el Servicial, pero no les importa tanto si son aceptados o si son amables. En cambio, buscan saber si tienen éxito o si parece que están ganando.

Los Triunfadores extraen su energía de sus éxitos. Son triunfadores y profesionales, y a menudo buscan estatus. El papel del logro protege a los Tipo Tres de poder conocerse a sí mismos. Ellos consideran las cosas como ganar y perder.

En la infancia, los Triunfadores pueden haber sido muy exitosos y haber escuchado a muchas personas decirles que ¡puedes hacerlo! Esto, beneficiosamente, a veces se convierte en una profecía auto realizada. La mayoría de los Tipo Tres pueden ser optimistas, juveniles, inteligentes, dinámicos y productivos.

Los Tres son personales agradables y exitosas; caminan por la vida pensando en lo que quieren y posteriormente van a buscarlo. Y lo consiguen trabajando duro. Se esfuerzan mucho para observar que su plan sea exitoso. Prefieren que se vea fácil y espontáneo y no muestran cuánto están intentando estos esfuerzos.

La eficiencia es un gran valor para el Triunfador.

Tienden a no escuchar correctamente y tienen la mala costumbre de filtrar las críticas, ya que lo consideran como algo adicional a lo que están tratando de hacer actualmente. Siempre están haciendo muchas cosas a la vez. Buscan saber por qué estamos aquí, qué estamos haciendo y cómo vamos a lograrlo. Pueden insistir en que alguien es aburrido, o pueden necesitar tomar el control de las personas que no encuentran lo suficientemente estimulantes.

Una estrategia para que un Triunfador se traslade a un lugar de seguridad y crecimiento es tomarse las cosas con calma. Simplemente tomarse tiempo para observarse a sí mismo y respirar. Un Tipo Tres puede encontrar que cuando se tranquilizan, los sentimientos que han estado rechazando se elevarán un poco más cerca de la cima. Esto permitirá que el Triunfador se relacione mejor con su experiencia y con los demás. Pueden no admitirlo, pero se sienten demasiado abrumados.

El tipo Cuatro es el Individualista

- Tríada: Apegado
- Enfoque Espiritual: Lo que falta
- Debilidad: Lo ordinario
- Fuerza: Creatividad única, empatía
- Dirección Positiva: Del autoengaño a la honestidad
- Esencia: Pertenencia universal
- Personificación segura: el Perfeccionista
- Personificación del estrés: el Servicial
- Alas: el Triunfador y el Investigador

Ejemplo de caso de personalidad 1

Hazel es una artista, una pintora de corazón, pero ella enseña matemáticas. Creció en una zona rural de Nebraska, con una familia que menospreciaba las manifestaciones excesivas de emoción o cualquier sentimiento en general. Descubrió cómo controlar sus sentimientos desde el principio, pero se acumularon y encontraron una manera de expresar su pasión por el dibujo y la pintura. Sus logros y éxitos estéticos fueron aceptables para sus padres: está correcto que una mujer tenga intereses. Sin embargo, definitivamente no había posibilidad de que apoyaran una búsqueda de arte a tiempo completo. Entonces, estudió matemáticas, buscando una forma abstracta de perseguir el arte mientras lo encubre en un campo científico.

Cuando era joven, los momentos más significativos de Hazel fueron los de belleza y relación, cuando experimentó que alguien más recibía su expresión amablemente. Tenía muchas inquietudes, amabilidad y espíritu para compartir. A veces, incluso descubrió que una conexión con un animal satisfacía su necesidad de compartir la belleza del mundo.

Hazel perdió a su madre a los dieciocho años. Sentía mucho amor por su madre. Cuando trató de expresarle cuánto la amaba mientras moría, su madre finalmente pudo aceptar su expresión. Luego le dio a su hija el nombre de su madre y le expresó cuando era niña cuánto la amaba.

Hazel enseñó matemáticas en una escuela pública con muchas clases, incluyendo más de treinta estudiantes. Las aulas eran viejas y mal equipadas. Hazel tuvo la oportunidad de ser contratada en una universidad más pequeña y más prestigiosa, pero sintió que tendría un mayor impacto en la vida de los estudiantes en la escuela donde trabajaba actualmente. Ella eligió vivir y trabajar en uno de los distritos escolares más desatendidos. A veces, ella trabajaba con estudiantes de inglés como segundo idioma para ayudarlos a poder aprender en su clase. Le apasiona el estudio de las matemáticas y pudo transmitir este amor y la asignatura de una manera amable y gentil. A veces los estudiantes actuaban de manera grosera y desinteresada. Su preocupación e interés auténtico en las matemáticas, así como sus vidas, ayudaron a desarrollar una buena reputación en la escuela. Muchos estudiantes regresarían a visitar a Hazel, y ella se alegraba al enterarse de sus trayectos.

Hazel piensa en su arte en ocasiones y siente una agridulce sensación de melancolía. A veces pregunta: "¿Qué pasa si ejerzo el arte por completo?" Cuando Hazel cumplió 45 años, alquiló un pequeño espacio de estudio en su ciudad y comenzó a pintar nuevamente.

Caso de personalidad ejemplo 2

Roger enseña drama en el programa de música de una prestigiosa universidad de artes liberales de una pequeña ciudad. Al crecer, Roger siempre supo que amaba el teatro y pasó muchos años persiguiendo una carrera de actuación a tiempo completo. Se graduó en un gran programa de actuación y consiguió algunos actos en espectáculos fuera de Broadway. Después de la universidad, tuvo un gran descanso. Roger participó en un programa que tenía una gran cantidad de comentarios de los medios, y sabía que esta era la producción que podría haberlo llevado al siguiente nivel de su oficio. Sin embargo, Roger abandonó la producción un par de semanas antes de la noche de estreno. Todos decían que estaba loco. Esta había sido una gran oportunidad, y él había estado trabajando en ello durante muchísimo tiempo. "Fue un auto-sabotaje", dijeron. Roger simplemente hizo caso omiso de las preocupaciones ajenas. Dijo que lo veía venir, porque en la vida, el vaso siempre estaba medio vacío. Sus profesores de actuación en la escuela secundaria le habían dicho a Roger que podía hacer cualquier cosa que se propusiera. Tenía el talento suficiente para alcanzar el más alto nivel de profesionalismo. Roger se percató de lo importante que era este maestro de su juventud y que la conexión que tenían lo había mantenido motivado durante muchos años. Quería ser como su maestro, tener sentido en su vida. Roger decidió volver a la escuela y convertirse en maestro de teatro.

Se convirtió en un instructor muy solicitado. A veces, su pasión era tan intensa que provocaba controversia. Tenía un amor único por la literatura y un respeto por el nivel de habilidad que requería el hecho de crear cosas nuevas. También podía trabajar con los estudiantes de artes escénicas. Parecía como si nadie hubiera tenido nunca una experiencia real de estudiante universitario de actuación a menos que hubiera tomado una de las clases de Roger. Un estudiante entraría y experimentaría el rigor, la profundidad y la naturaleza exigente de sus clases, y quedaría enganchado. Tenía una conexión de alta calidad con sus alumnos.

El programa creció bajo la influencia de Roger y llegó a tener una reputación significativa como una escuela de actuación líder en la nación. Ahora, Roger ha enseñado allí durante aproximadamente dieciocho años, y es una leyenda entre los estudiantes. Los alumnos mayores presentarán a los alumnos de primer año a sus clases, y su recomendación se hará realidad a medida que el nuevo alumno se enamore del estilo de enseñanza de Roger. Siempre usa pantalones negros, una camisa negra y algún tipo de bufanda de colores creativos. Tiene el cabello rubio brillante que mantiene largo y se parece a su propia versión de una estrella de rock. Su celebridad en el campus crecía y crecía a medida que interpretaba algunos papeles menores en películas independientes a lo largo de los años.

El Individualista es impulsado por la necesidad de ser especial. Pusieron sus talentos a trabajar para despertarse a sí mismos y a otros a la belleza que los rodea en su mundo. A menudo expresan sus sentimientos en el arte, la danza, la música, la actuación o la literatura. Se sienten profundamente atraídos por las cosas que tienen energía vital. Captan los estados de ánimo y los sentimientos de otras personas y la atmósfera de los lugares y eventos con precisión. Son personas espirituales y entienden el conector de lo sagrado y lo profano. Aman el reino de lo inconsciente, los símbolos y los sueños, y pueden preferir este mundo al mundo real. Los símbolos los ayudan a darle sentido al mundo y a expresarse. Tienen el don de ayudar a otros a desarrollar una apreciación por la belleza y el arte. También obtienen su energía de los demás. Están haciendo esta pregunta al mundo: "Dime, ¿me notas? ¿Te llamo la atención?" Se esfuerzan por alcanzar logros estéticos, por ser excepcionales, creativos, esotéricos, excéntricos o exóticos.

El inconveniente de la espontaneidad y la creatividad de un Individualista es que pueden volverse artificiales, en cierto sentido. Esto a veces puede ser similar al Triunfador, ya que quieren que otras personas los consideren agradables, ordenados y perfectos, en este caso perfectamente imperfecto. Creen que el mundo será salvado por la belleza.

En la infancia, los Individualistas a menudo tuvieron la experiencia de la falta de sentido y una emocionalidad insoportable. A veces está relacionado con la experiencia de una pérdida. Esto puede ser una pérdida material real, como una catástrofe grave, o podría haber sido una pérdida emocional. Es posible que falten modelos positivos a seguir en la educación de esta persona. En una búsqueda de identidad, se vuelve hacia el mundo interior porque faltaba la fuente original de amor y afecto o estaba demasiado desgastada.

Los Individualistas a veces se percatan de que están dirigiendo la ira relacionada con una pérdida hacia ellos mismos. Creen que son culpables y "malos". La vergüenza es un vicio común para ellos. Se encontrarán una y otra vez atrapados en situaciones que no son adecuadas. Cultivarán su "maldad" de esta manera y, por lo tanto, pueden seguir perpetuando el comportamiento.

El Individualista tiende a no pensar mucho en las normas y reglas cotidianas aburridas de la sociedad. Se sienten extraños o personas ajenas. Esto les otorga una conciencia elitista, que les ayuda a ser conscientes de la justicia.

Un Individualista en ocasiones caerá en la trampa de pensar que su anhelo interno eventualmente resultará en la conquista de algún objetivo primordial de su deseo, lo que lo hará finalmente feliz. En el camino, aprenden que tan pronto como posean un objetivo de su deseo (ya sea una relación, trabajo o bienes materiales), estarán inmediatamente insatisfechos, ya que su anhelo se centra en torno a un nuevo bien ideal.

Pueden venerar a grandes figuras como importantes escritores, músicos o gurús, que tienen algo profundo dentro de ellos para expresar al mundo. No les gustan las cosas que son insípidas, amargas o promedio. Sin embargo, pueden estar romantizando simultáneamente la vida de los demás y pueden tener versiones idealizadas de asuntos de los que no forman parte en la vida diaria. Esta es una tendencia que los individualistas deben tener en cuenta. Puede conducir a la desconexión, una actitud de estilo de superioridad y una distancia de la autenticidad.

El vicio clave para el Individualista es la envidia. Ven a las personas a su alrededor con más talento, estatus, capacidades o excentricidades que ellos, y no pueden aceptar su propio lugar en el mundo. Puede que se pregunten cómo otras personas pueden ser felices. Evitan las cosas ordinarias. Las cosas que son convencionales y normales evocan aversión.

La depresión puede verse manifestada a un ritmo significativo con los Individualistas, ya que viven en una dulce tristeza melancólica que puede apoderarse de sus vidas. El Individualista que se encuentra atrapado en su propia tristeza puede descubrir que se convierte en una niebla que impregna la vida de una manera muy disruptiva. Para ellos, la muerte es algo que consideran extensamente.

Los Tipo Cuatro necesitan amigos y compañeros que los toleren sin dejarse arrastrar por los cambios de humor. Toman sus sentimientos muy en serio y se ofenden cuando son heridos.

Para un Tipo Cuatro, el cambio hacia un crecimiento de energía y seguridad implicará sentimientos de un nuevo sentido de una brújula moral, una nueva realidad fuera de sí mismos. Esto puede manifestarse en nuevas relaciones, mudarse de la ciudad o encontrar otra forma de cambiar de perspectiva. El Individualista lo hace para despejar la mente y encontrar un nuevo significado en una situación particular.

El Tipo Cinco es el Investigador

- Tríada: Separador
- Enfoque Espiritual: Obtener conocimiento
- Debilidad: Conexión

- Fuerza: Racionalidad
- Dirección Positiva: De acumulación a aceptación
- Esencia: Conciencia
- Personificación Segura: El Protector
- Personificación del Estrés: El Entusiasta
- Alas: Leal e Individualista

Caso de personalidad ejemplo 1

James es gerente de una tienda minorista. Él tiene un problema de conexión. Puede ser un gerente muy efectivo cuando está en su elemento. Se siente apasionado por sus responsabilidades en la tienda. Se siente cómodo al llevar su entorno de trabajo a un lugar de positividad, eficiencia y productividad. Sin embargo, sus subordinados a menudo informan que no es apasionado o receptivo en el trabajo y que existe una falta de interacción. James no lo considera así en un principio; él conserva sus sentimientos y pensamientos en secreto. Siempre trató de mantener un aire de objetividad, hasta el punto de que la gente nunca conocía sus verdaderos sentimientos. No quería mostrar entusiasmo por una idea, a riesgo de hacer que otros empleados pensaran que no merecían elogios. En el pasado, fue demasiado cuidadoso para no criticar ideas equivocadas.

James brinda una gran importancia a la falta de apego. Intenta no dejar que los sentimientos interfieran con su juicio. Entonces, cuando los empleados entran a su oficina quejándose, ¿por qué le resulta difícil ser paciente y solidario? James no considera que un informe verbal sea tan confiable como los pensamientos escritos, y tiene un problema para proporcionar retroalimentaciones positivas, como un "buen trabajo" de forma casual. Nunca se expresa visiblemente satisfecho con el éxito de su negocio.

En ocasiones habla en tono monótono cuando se dirige a sus empleados y prefiere dejar largos silencios cuando los empleados no pueden dar explicaciones. Prefiere conectarse con la gente buscando soluciones en conjunto.

Finalmente, con un poco de introspección y asesoramiento, James comienza a ser él mismo un poco más cerca de sus empleados. Aprendió a no ser tan sarcástico y desapegado, y comienza a sentirse de menor manera como un pez fuera del agua. Comienza a expresar su entusiasmo por su lugar de trabajo y a hacer conexiones con los empleados. Un empleado incluso sobresale en el trabajo en la medida en que es ascendido y consigue un puesto más alto.

James posee un lado apasionado y le agrada pasar tiempo cazando en las montañas los fines de semana. Esto le brinda paz y tranquilidad, ya que realiza metódicamente el trabajo que le gusta, un trabajo que implica observar e investigar en gran medida.

Caso de personalidad ejemplo 2

El padre Robert es el sacerdote director de su diócesis en Ohio. La catedral en la que trabaja tiene setenta y cinco años, y es conocida como una de las estructuras más antiguas de su tipo en el Medio Oeste. Dirige la organización responsable de 100 clérigos. Sus edades varían desde unos pocos sacerdotes en torno a los veinte años hasta muchos en sus cincuenta y mayores. Robert se está acercando a la edad de jubilación y pasó solo unos años predicando al inicio de su carrera antes de ser elegido para tareas más importantes en la diócesis después de cinco años. Posee una habilidad inconfundible para trabajar con las personas como predicador y también como administrador. Realiza memorandos detallados y mantiene una visión amplia de las necesidades de la iglesia, tiene un gran estilo de liderazgo que lo convierte en un activo importante para su diócesis.

Es un hombre alto, y su aura coincide con su presencia física. Cuando Robert entra en una habitación, la gente lo percibe. Es historiador en algunos aspectos; ha investigado diversas metodologías y líneas de investigación con respecto a las interpretaciones bíblicas y como consejero de la gente. Es un ávido buscador de la verdad y el significado. Posee un profundo sentido de humildad respecto a su espiritualidad. Es reconocido por la congregación.

De hecho, el padre Robert conoce los nombres de la mayoría de los miembros de la congregación. Intenta conocer nuevos miembros de la iglesia y mantener su relación con los miembros mayores. Le agrada hablar con la gente, comer con otros en el centro comunitario de la iglesia y ayudar a enseñar en las clases de la escuela dominical. Considera que la inocencia y la espontaneidad de los niños rejuvenecen la energía de la iglesia.

Debe trabajar duro para desarrollar habilidades interpersonales que le permitan manejar problemas difíciles y urgentes con padres ansiosos o un miembro estresado de su iglesia. Posee una mentalidad independiente y es consciente de la pérdida de energía que se necesita para practicar la diplomacia que emplea en sus organizaciones. A veces, cuando trabaja demasiado, se encuentra desapegado de las situaciones. Se ve a sí mismo actuando por inercia. Si pudiera, Robert preferiría simplemente comunicarse a través de notas escritas y correos electrónicos. Le gusta proteger su tiempo y cree que el tiempo es esencial. Considera que la emocionalidad mínima se traduce en pensamiento racional. Piensa que su mayor logro es ser racional en su pensamiento.

El Padre Robert fue uno de los primeros sacerdotes líderes en la nación en reconocer el potencial de la tecnología para cambiar la forma en que funcionan los deberes administrativos de la iglesia. Fue el primero en comprar una de las primeras computadoras Mac, y más tarde, tenía Wi-Fi en la iglesia antes que la mayoría de las empresas. Dirige un boletín para la congregación. Hace que personas de la comunidad escriban artículos e incluyan noticias sobre la iglesia. Le agrada la sensación de estar a la vanguardia de la tecnología. Considera que se debe tener una mente abierta para lidiar con el caos del mundo.

El Investigador es impulsado por la necesidad de percibir. Son personas cuidadosas. Piensan antes de actuar, y actúan de acuerdo con información objetiva. Pueden ser bastante abiertos, vulnerables y receptivos a la nueva información. Son investigadores, inventores, periodistas y exploradores. Pueden ser muy originales y provocativos y tienden a sorprender a las personas. Son buenos oyentes, oyentes activos que prestan atención. Ayudan a otros a ser más perceptivos.

En la infancia, el Investigador a menudo experimentó extremos en el desequilibrio de la intimidad. Se puede aumentar por una experiencia de excesiva intimidad, es decir, una situación de vida hermética y no privada, o por una falta de intimidad, donde el niño recibió poca ternura y afecto. Cuando esto sucede, los niños pierden la capacidad de desarrollar las habilidades para mostrar sus sentimientos o expresarlos psíquicamente. Sienten un vacío en sí mismos. Es causado por la falta de seguridad y la sensación de estar a la deriva.

El Investigador posee algunas cualidades que son algo opuestas al Servicial. El Investigador es un tomador. Siempre opuesto al Servicial, el Investigador está obsesionado con poseer cosas. Les apasiona coleccionar, lo que puede manifestarse en pensamientos o en la práctica física de coleccionar o incluso acumular.

El Investigador está obsesionado con concentrarse en observar todo, absorberlo como una esponja; tienden a ser ascetas y bibliotecarios internos. Pueden ser fotógrafos o científicos, tratando de abarcar todo el mundo que los rodea y darle sentido. No les agradan los sentimientos y rechazan las charlas subjetivas y los problemas. Disfrutan de la precisión, son capaces de mantener la calma, al menos externamente, y conservar sus sentimientos sublimados. A menudo experimentan dificultades en las relaciones con personas cercanas a ellos. Son excelentes para apreciar la idea abstracta de una persona, pensando en ella en su versión lejana y abstracta, pero no pueden lidiar con las verdades caóticas de estar realmente con personas.

El Investigador debe tener cuidado con la tendencia a tener miedo a la intimidad, ya que puede evitar cualquier cosa con pasión y sentimientos. Generalmente prefieren estar fuera del círculo desorganizado de las relaciones humanas. Podrían encontrarse como el monje místico que vive en una cueva o en una cabaña en el bosque. Quieren evitar la atención y ser el monitor neutral de la información recibida. Pueden tener dificultades para comprender que la vida no siempre funciona de esa manera. No podrían pensar en nada más satisfactorio que sentarse y observar algo, o nada en absoluto.

Existe una decadencia, por supuesto, de ser completamente dominado por lo que se ha convencido de que es "lógico". Consideran que lo que creen es una comprensión del mundo. Lo que no entienden, piensan que es una simplicidad. El clave aquí es el conocimiento. Para ellos, el conocimiento es poder. El Investigador cree que puede estar seguro al tener información y detalles sobre el mundo que le rodea. Ser informado por el mundo nunca es suficiente, ya que encuentra que debe participar en el mundo, para vivir realmente en él.

Podrían utilizar el retraimiento como mecanismo de defensa. No tienen miedo de nada más que el compromiso emocional.

Podemos notar que el profundo problema no resuelto es el amor a uno mismo. Temen que, si son vulnerables al mundo, serán destruidos. Quizás se les enseñó esto en su educación. Esta lección de nunca ser vulnerable puede ser un mecanismo de afrontamiento poderoso pero inadaptado para hacer frente a los problemas. Quieren evitar el vacío.

El Investigador tendrá que aprender a sentirse seguro si desea personificar un yo seguro. Pueden experimentar la energía como una manifestación física, ya que los Tipo Cinco son muy intuitivos y pueden confiar en su instinto. A menudo sienten oleadas de energía. Si los Tipo Cinco pueden aprender a confiar y aprender de sus instintos físicos, se encontrarán mejor adaptados para enfrentar los desafíos.

El Tipo Seis es el Leal

- Tríada: Separador
- Enfoque Espiritual: Analizar para buscar certeza
- Debilidad: Desviación, ser visto como diferente
- Fuerza: Lógica cognitiva sólida, pensamiento claro
- Dirección Positiva: Del autoengaño a la honestidad
- Esencia: Fe
- Personificación Segura: El Pacifista
- Personificación del Estrés: El Triunfador
- Alas: El Entusiasta y el Investigador

Caso de personalidad ejemplo 1

Tina trabaja en un bufete de abogados muy respetado. Tiene una práctica de consultoría secundaria, pero su trabajo principal es ser defensora pública. Ha escrito sobre derecho y tiene publicaciones en revistas de derecho. A Tina le encanta asumir un nuevo caso, pararse frente a la multitud en una sala del tribunal y presentarlo. Esto no siempre fue lo que ella disfrutó. En su primer caso durante su primer año de trabajo como abogada, se enfrentó a una habitación repleta de colegas y sentía tanto miedo de la situación que casi se dio por vencida y renunció.

Más tarde se encontró conversando consigo misma. Se decía a sí misma, "invertiste demasiado tiempo, energía y trabajo en esta carrera para rendirte. Es demasiado tarde para cambiar de opinión, y esto es lo que buscas". Había pasado la noche revisando sus notas, buscando cualquier vulnerabilidad. Una vez que había completado sus procesos de revisión, se convenció de que el argumento era tan firme como podría ser. Nada podía salir mal. Al día siguiente, se despertó, tuvo un buen desempeño en el juicio, y al día siguiente, se despertó y lo volvió a hacer. Lentamente, se volvió más capaz de levantarse frente a la sala del tribunal con facilidad, pero nunca olvidó esa sensación inicial de pánico que sintió el primer día.

Con los años, las conferencias de Tina se hicieron reconocidas por su rigor teórico. Ella inspiró al personal de la sala de audiencias a pensar con igual rigor. Este era su objetivo de ser abogada: enseñar a la gente, ser sólida como una roca para sus clientes.

Al final de sus cuarenta años, ha ejercido en su puesto durante décadas y le han ofrecido diversos deberes administrativos, pero se ha mantenido en el ámbito esencial del defensor público. Ella es leal a la práctica y, a pesar de su deseo de ascender en el circuito, le agradan sus responsabilidades tal como son. Es una mujer cautelosa, y se relaciona gentilmente con otras personas que prefieren apresurar la tarea con planes o posiciones mal concebidas. Esto la ha convertido en una abogada extremadamente valorada. Comienza a asumir casos cada vez más importantes e influyentes.

Tina concluye su carrera a medida que se extiende hasta los cincuenta años. Se encarga de menos trabajos y comienza a ser una persona más solidaria con los estudiantes de derecho que vienen a aprender. Ella crea espacios seguros para ellos mientras persiguen el campo en el que ella ha destacado.

Tina sabe que es una profesional exitosa, pero también siente que, en cualquier momento, el universo podría no jugar a su favor y que cuando sucedan las crisis, sentirá ese pánico familiar. Confía en el impulso de energía que posee en situaciones intensas, por lo que reconoce que puede hacer frente a cada crisis.

Caso de personalidad ejemplo 2

Patrick es un cantante excepcional. No hay canción que no pueda interpretar con su poderosa voz. No pierde el tiempo con excentricidades escénicas o rompiendo el hielo. Él solo sube al escenario y canta. No se mueve mucho cuando está en el escenario, y pronto, el público se ve atraído por su estilo imaginativo que se vuelve tan real como los cuerpos a su alrededor. Su tono, destreza y expresividad se integran en la experiencia de un músico verdaderamente ilustrado.

Patrick a menudo posee un sentido del humor sarcástico y cáustico y sabe cómo emplearlo en beneficio de la situación. Pasó años estudiando la voz humana y se sumergió en los ejercicios, las prácticas de salud y el trabajo que requiere la música. Ha pasado tiempo estudiando teoría de la música, la música del mundo, la historia de la música y la teoría de los instrumentos. También trabaja como entrenador vocal.

Sin embargo, Patrick está en su mejor momento cuando está en el escenario con un micrófono. Esto le proporciona la licencia artística para compartir sus experiencias con el mundo. Lejos de la protección del escenario, la gente podría conocerlo como malhumorado y paranoico. Tiene fe en la música y en la interpretación.

Vive en lo que se llamaría una existencia algo protegida. Su apartamento es una gran vivienda tipo loft cerca del distrito de música de la ciudad en la que vive. Es ahí donde realiza sus comunicaciones por teléfono y por correo electrónico para reservar conciertos, contactar músicos y practicar. Tiene una gran familia extensa, y lo conocen como amoroso, cariñoso y divertido. Tiene algunos amigos, pero no muy cercanos. Él piensa que la gente siempre está tratando de aprovecharse de él.

Patrick es impulsado por la energía hacia lo que le interesa, y habla sobre cualquier problema que se le presente. Existen muchos problemas en el mundo, por lo que se mantiene bastante ocupado. La energía que obtiene de ello le permite seguir con su carrera, ganar suficiente dinero para mantenerse a flote y seguir en movimiento todo el tiempo.

Estos tipos son impulsados por la necesidad de seguridad y certeza. Son muy cooperativos. Son jugadores de equipo confiables. En las relaciones, siempre se puede contar con su fidelidad. Sus relaciones platónicas a menudo están marcadas por sentimientos cálidos y profundos. A menudo son muy originales e ingeniosos; a veces tienen un sentido del humor grotesco. El Leal que se ha adaptado correctamente a su papel en la edad adulta sabe cómo participar en tradiciones importantes con la disposición de tomar nuevos caminos. Saben lo que es posible y lo que no. Ellos pueden ayudarle a encontrar los puntos débiles en su proyecto.

Algunos consideran que el Leal es uno de los tipos de personalidad más frecuentes.

El vicio clave para el Tipo Seis es el miedo y el engaño.

Sucumben fácilmente a la duda. Esto los torna cautelosos, y si son superados por ello, se vuelven temerosos y les cuesta confiar en las personas. Sienten peligro en casi todas las situaciones. En su peor forma, se convierten en víctimas de su propia paranoia.

En la infancia, puede descubrir que un Leal estuvo expuesto a muchas ansiedades y peligros. Existe un sentido de confianza primordial que debe desarrollarse en la infancia. Algunos leales informan que nunca pudieron llegar a ese lugar con sus padres porque eran impredecibles, violentos o fríos. Como mecanismo de afrontamiento, buscan un protector en el que puedan confiar o aprenden a detectar las más leves señales de peligro cercano para poder anticiparse a lo que sucederá.

En la edad adulta sin adaptación, esto puede convertirse en el pensamiento de que el mundo es peligroso y que siempre se debe mirar por encima del hombro. Pueden sentir que no pueden mantenerse a salvo y que necesitan a otros para lograrlo.

Dependen emocionalmente de los demás y no revelan mucho sobre sí mismos.

El Leal podría encontrar una tendencia poco saludable a buscar que todo sea blanco y negro. Prefieren no lidiar con las sombras grises y la niebla impenetrable. A veces, pueden estar predispuestos al fervor político, pensando que, si se alinean ideológicamente con una tradición, encontrarán seguridad en ella.

El Leal enfrentará grandes obstáculos para convertirse en una persona completa e independiente. En momentos de cambio en su vida, eventos como comenzar un nuevo trabajo, mudarse de casa u otros cambios importantes, pueden dejarlos paralizados. Pueden examinar cada detalle y eliminar todas las contradicciones a su manera, perdiendo la importante perspectiva que brindan la familia y los amigos.

Son pesimistas y ansiosos por su propio éxito. Ser independiente y exitoso asustará a un leal. Los Leales pueden considerarse fácilmente a sí mismos como un "perdedor". Participan en profecías auto cumplidas sobre su fracaso en todos los ámbitos de la vida. Les cuesta mucho aceptar elogios.

La decadencia de los Leales es su continuo esfuerzo por la seguridad. El mecanismo de defensa para los Tipo Seis es la proyección. A menudo tienen imaginación para escenarios de terror apocalíptico y en ocasiones anticipan el peor de los casos.

Para manifestar una etapa más elevada para ellos mismos, los Tipo Seis necesitan ser vulnerables. Deben sofocar el miedo de todos y de todo, relajarse y comprender el amor incondicional de los demás. Un Tipo Seis puede encontrar que posee una profunda inseguridad. Lo que sea necesario para abordar estas inseguridades, debe encontrarlo usted mismo. Puede provenir de explorar conflictos pasados, o surgir de crear arte o escribir en un diario. Los Leales deberán ser amables consigo mismos cuando atraviesen este proceso.

El Tipo Siete es el Entusiasta

- Tríada: Separador
- Enfoque Espiritual: Planes y opciones
- Debilidad: Dolor
- Fuerza: Optimismo
- Dirección Positiva: De ningún límite a la restricción

- Esencia: Compromiso con el trabajo.
- Personificación Segura: el Investigador
- Personificación del Estrés: el Pacifista
- Alas: el Protector y el Leal

Caso de personalidad ejemplo 1

Karla es guarda forestal en el Parque Nacional Olympic. Ella eligió ser guarda porque le brindó la oportunidad de explorar con frecuencia la naturaleza y ser libre en ella. Le agradan los jóvenes y asiste a conferencias para estudiantes que visitan el parque. Esto le otorga una sensación de satisfacción y diversión. Karla sabe cómo mantener su trabajo ameno. Viaja a conferencias para trabajadores forestales y se mantiene al tanto de las nuevas perspectivas en su campo. Por otro lado, conserva un negocio de cultivo de verduras para vender en los mercados de agricultores.

La pasión de Karla es viajar, y viaja mucho por su trabajo. Ve el mundo como un lugar por recorrer como le plazca. En una ocasión, tuvo una historia de amor con un joven de la industria forestal en Arizona. Ella lo sorprendió al invitarlo a un fin de semana de tres días a Las Vegas. Bailaron, comieron y bebieron, y parecían extremadamente compatibles en ese momento. Sin embargo, Karla pronto terminó su relación a la altura de su promesa. Se sentía demasiado joven y como si no pudiera comprometerse. Además, sentía que podría conocer a muchas otras personas atractivas y compatibles en su vida.

Karla tiene encanto y una forma de ser despreocupada con la gente, con los jóvenes en particular. Tanto estudiantes como compañeros de trabajo aprecian su optimismo. Posee una sensación de irreverencia arraigada en la creencia de la igualdad y puede ser contundente con las personas con poder o con menos poder que ella.

Finalmente, a Karla se le ofreció un trabajo administrativo superior en el Parque Nacional del Gran Cañón. Aprovechó la oportunidad de vivir en un lugar nuevo y enfrentar nuevos desafíos. Comenzó a fantasear con su vida en Arizona mucho antes de que realmente se mudara allí. Sus colegas y estudiantes se sorprendieron al notar un cambio tan rápido en su vida. Karla lo tomó como la forma en que debía dirigir su viaje de vida. No tiene miedo de quedarse sin trabajo. Tampoco puede comprender el sentido de establecer límites para sí misma. Tiene fe en que su futuro saldrá bien.

Caso de personalidad ejemplo 2

Lucius tiene más de treinta años. Es consultor para una empresa comercial y ha tenido una historia variable en diferentes industrias. En la universidad, estaba muy interesado en los ámbitos creativos, especialmente relacionados con la literatura, y estudió escritura creativa. Tenía una banda de rock, que tuvo algo de éxito y le permitió recorrer el país. El grupo tuvo algunos problemas financieros en Colorado, por lo que Lucius regresó a Nueva York y obtuvo diferentes trabajos, incluido un trabajo de oficina en una empresa agrícola, un payaso de rodeo y como camarero en la gran ciudad. Lucius está interesado en los caminos que se conectan para conformar el viaje de su vida. Tiene curiosidad por las personas y sentido de la aventura. La vida de libertad y sobre la marcha son las nociones que realmente le interesan a Lucius.

Concluyó su licenciatura y estudió semiótica en la escuela de posgrado. Eligió trabajar en Semiótica porque, como él afirma, le agrada ser espontáneamente intelectual, ser libre en sus actividades académicas, dejar que su mente vuele a un mundo de fantasía que podría crear para apreciar el arte y la literatura. Su primer trabajo como consultor no fue exitoso. Se sentía molesto al enterarse de las limitaciones del mundo de los negocios y sentía que no estaba experimentando un crecimiento personal debido a las restricciones institucionales. No se veía a sí mismo como una figura de autoridad.

El concepto de un círculo mágico intrigó a Lucius durante una década. Después de que finalmente dejara su trabajo de consultoría, visitó las pirámides de Egipto para experimentar el inmenso poder de las estructuras antiguas. Esto lo inició en un camino de viajes y estudios que finalmente se convirtió en un programa de artes escénicas basado en la historia y la antropología del mundo.

Lucius pudo encontrar bases para apoyar su trabajo financieramente, y ahora dirige una organización sin fines de lucro que involucra a los niños en la exploración cultural a través de la historia del arte. En ocasiones es contratado por organizaciones en todo Estados Unidos que se enfocan en integrar experiencias culturales en las escuelas y ha encabezado diversos programas novedosos para promover las artes en la educación.

Los Tipo Siete son impulsados por la necesidad de evitar el dolor. Son radiantes, optimistas y muy vitales. Son personas muy atentas. Pueden sentirse infantiles en momentos en que otros tienen dificultades. Poseen una inmediatez en su espíritu. Están repletos de idealismo y planes para el futuro; pueden transmitir su entusiasmo a los demás. Son alegres y les agrada estar con personas y niños.

En la infancia, el Entusiasta puede haber experimentado un evento que consideró ser demasiado importante para conservar dentro de sí mismo, y para evitar la repetición de un evento similar en el futuro, logró evolucionar para reprimir su experiencia negativa original. Muchos entusiastas pintan su historia de manera positiva, sugiriendo que uno no puede permitir que le deprima.

¿Ha escuchado la canción "Tracks of My Tears"? Trata de un Entusiasta. Smokey Robinson canta: "Mírame bien a la cara. Verás que mi sonrisa se ve fuera de lugar. Sí, mira un poco más de cerca y es fácil rastrear las huellas de mis lágrimas". Es el Entusiasta el que tiene esta sonrisa permanente. El entusiasta es el "niño eterno". Son curiosos y necesitan cambios, estímulos y nuevos entornos y experiencias. Tienen un calendario repleto de obligaciones placenteras y emocionantes.

El Entusiasta puede encontrar que la procrastinación y la evitación les causan problemas en la vida. Las tareas desagradables se dejan de lado, se posponen o se ignoran.

El vicio clave para los Tipo Siete es el idealismo, de cierto tipo. Deben estar seguros de que están trabajando por una buena causa. Un resultado de ello es que niegan y reprimen aspectos de su actividad que podrían tener la menor posibilidad de dañar a otras personas. Obviamente, esto conduce a enfrentamientos entre sus necesidades y las necesidades de otras personas.

El Entusiasta que ha cambiado a un patrón de crecimiento encontrará que disfruta de la privacidad. Su mente no se ralentiza, y les gusta ser libres para realizar su gimnasia mental por su cuenta. Sin embargo, un Entusiasta adaptado podrá equilibrar la necesidad de este ocio personal con otros aspectos de la vida.

El Tipo Ocho es el Protector

- Tríada: Defensor
- Enfoque Espiritual: Poder y control
- Debilidad: Vulnerabilidad
- Fuerza: Empoderar a otros
- Dirección Positiva: Del exceso a la suficiencia de confianza
- Esencia: Verdad
- Personificación Segura: el Servicial
- Personificación del Estrés: el Investigador
- Alas: el Entusiasta y el Pacifista

Caso de personalidad ejemplo 1

Martin se encontró en una situación insoportable. Quería encontrar un lugar donde pudiera ser educador, pero simplemente no podía soportar el sistema de escuelas públicas. Había demasiada regulación, solo para proteger el poder de la autoridad, y sería difícil pasar por encima de ello y llegar a la tarea de aprender. No soportaba la mezquindad que encontró en el sistema escolar público.

Sin embargo, sus alumnos en el aula de la escuela secundaria notaron un lado muy diferente de Martin. Tenía una gran habilidad y pasión por ayudarlos a aprender. Este era su elemento, su territorio, y creó las reglas. Martin considera que la educación consiste en otorgar poder a los jóvenes. La verdad y la justicia son un gran problema en el aula de Martin. Cada año, los estudiantes entraban y Martin les instruía a expresar su compromiso de conservar la clase como un lugar seguro para todos, cumplir con las reglas, hacer la tarea a tiempo y apoyar el ambiente del aula. Martin tenía una política sobre cómo lidiar con situaciones en las que un estudiante no estaba cumpliendo este compromiso. Su política era la siguiente: cuando un estudiante rompía las reglas, él o ella tenía que explicarle a la clase qué pasaría si se equivocaba. Los otros estudiantes le indicaban cómo se sentía estar en el aula con ellos rompiendo las reglas. Martin consideró esto como una forma de sembrar justicia en los niños. Los problemas de moralidad en el aula eran a menudo en blanco y negro. Colocaba a las personas en la situación para ayudarles a hablar por sí mismos. La lección que buscaba impartir era el valor de la verdad. Consideraba que la verdad era el camino al empoderamiento. El aula de Martin proporcionó desafíos a los estudiantes. Algunos de ellos tuvieron dificultades para lidiar con la naturaleza estricta de su clase. Sin embargo, los supervisores de Martin lo apoyaron. Martin continuó tratando de asumir el sistema escolar, pero finalmente se vio superado por las regulaciones y la burocracia del sistema escolar.

De pronto, aproximadamente un año después, Martin renunció. Se sintió decepcionado por abandonar al actual conjunto de estudiantes, pero racionalizó que tendrían un maestro efectivo con o sin él.

Después de haber renunciado, Martin descubrió una escuela privada en la ciudad. Se interesó en trabajar allí, pensando que podría encontrar un mejor ambiente para su personalidad. Un día, entró en la oficina del presidente de la escuela y le preguntó si podía dirigir el departamento de educación especial. Obtuvo el trabajo y aprendió a amar el ayudar a los subestimados en el sistema. Esto resultó una gran hazaña de logro para Martin, quien se sintió mucho más cómodo y libre en su nueva posición.

Caso de personalidad ejemplo 2

Alyssa es una mujer atractiva, delgada, de mediana estatura, y tiene una presencia imponente. Puede sentir su energía asertiva, casi contendiente, que la precede cuando se acerca. Ha estado trabajando como mecánico de automóviles durante casi veinte años, aunque nunca lo pensaría al mirarla. Se había tomado un par de descansos, trabajando en diversos trabajos, pero siempre volvía al mismo viejo taller. Cuando se le preguntaba por qué regresaba, exclamaba su respuesta: "Me gusta este lugar. Me agrada el vecindario. Me gustan los autos".

Alyssa siempre usa el mismo atuendo de overol y es una trabajadora apasionada. Posee un poder intelectual para diagnosticar y encontrar soluciones a problemas mecánicos. Dirige a su equipo de mecánicos hacia adelante en una batalla por la victoria sobre el cuerpo de trabajo que tienen que enfrentar. Su vocabulario adquiere una especie de inclinación militarista. Planea una campaña, emprende una guerra y no toma prisioneros cuando solo quedan unas pocas horas en el día.

Alyssa es exigente y a menudo se encuentra reprendiendo a la generación más joven, a la que llama la "generación de la pantalla". Descubre que siempre están mirando una pantalla, dejando que la vida pase de largo. Lidera una batalla en su propia vida contra esto, sin permitir que sus hijos accedan a las pantallas antes de los diez años. Es abierta cuando encuentra que alguien es irrespetuoso al mirar demasiado su teléfono en situaciones públicas.

Algunas personas aman a Alyssa, pero otras no tanto. Lleva su energía intelectual a cada entorno en el que se encuentra. Los mecánicos más jóvenes están extremadamente impresionados por sus habilidades, pero al mismo tiempo tienen miedo de su destreza e intensidad. Tiene diversas opiniones firmes. Ella promoverá y desafiará a un joven mecánico, haciéndolo trabajar más duro de lo que pensaba que podía, ya que puede notar que serán mejores mecánicos de lo que ellos mismos pueden imaginar.

El Tipo Ocho lo impresionará como alguien fuerte y poderoso. Poseen un sentido de fortaleza en su espíritu y pueden cuidar y proteger a los demás. Instintivamente saben que hay algo que "está incorrecto" cuando la injusticia o la deshonestidad se encuentran en el trabajo. Pueden ser una roca de estabilidad, y a veces asumen una increíble cantidad de responsabilidad.

El Tipo Ocho es una inversión interesante de la Personalidad Uno. En lugar de internalizar el mensaje de que siempre deben esforzarse por "ser buenos", internalizan el mensaje de que deben ser "malos", para que el mundo funcione como debería.

La debilidad y tendencias similares solo conducirán al sufrimiento. La infancia de un Protector a menudo se caracterizará por la represión y por haber sido humillados por otros. Puede que no confíen en nadie más que en sí mismos.

Tienen la idea de que no se debe mostrar debilidad o llorar. Algunos Tipo Ocho confirmaron que sus padres recompensaban la fuerza sobre otros valores. Tienen la voz de "¡No lo tolere! ¡Defiéndase! ¡Muéstreles quién es el jefe!" Esta es la regla que cumple el Protector: no retroceder y no mostrar debilidad. A veces se confunden con el Perfeccionista, pero a diferencia de ellos, no pueden admitir fácilmente la culpa. Desarrollaron la fuerza para resistir, romper las reglas y ordenar a los demás en lugar de ser un seguidor más.

Un aspecto positivo es que el Protector rara vez soporta autoridades falsas o jerarquías injustas. Les apasiona la justicia y la verdad. Esto a menudo los lleva a ayudar y ponerse del lado de las personas oprimidas. Esto se debe a que saben que dentro de su propio ser más profundo, existe un niño interior, que es lo opuesto a la fuerza que proyectan al mundo. Sin embargo, cuando el Protector está en el poder, sus subordinados a menudo se sienten oprimidos, porque el Protector está orientado principalmente a protegerse.

Las diferentes personalidades tienen diferentes formas de hacer y mantener el contacto humano. Para el Perfeccionista, puede ser involucrando a personas en un proyecto que ellos están ayudando a realizar "perfecto". Para el Protector, una forma de hacer contacto humano es realmente luchar. Podría llamarse intimidad de confrontación. Disfrutan las luchas y los conflictos. No siempre entienden que no todas las personas sienten lo mismo por la lucha y el conflicto. No se percatan de lo agresivos que pueden ser. El conflicto es su aceptación. Las bromas pueden salir mal.

A menudo son competitivos y audaces en juegos y deportes. Tienen la capacidad de sentir las debilidades de los demás, y son buenos para aprovechar las debilidades de los demás.

El Protector a menudo tiene el poder de ayudar a otros a alcanzar su potencial. Así es como el Protector puede aprovechar las virtudes con las que está dotado y controlar el vicio clave, que es la desvergüenza. La energía real del Protector no es la ira o rabia, aunque a veces puede parecer así. Es una pasión y un compromiso total con la verdad, la vida y la justicia; es una pasión por una causa que consideran es importante.

No se deje intimidar por el Tipo Ocho. Pueden hacer ruido, pero su ladrido es peor que su mordisco. A menudo se describen como "superiores".

El obstáculo de los Tipo Ocho es obsesionarse con la venganza y las represalias. Se convierten en la corte popular autodenominada para juzgar a sus enemigos.

Los Tipo Ocho deben luchar por la inocencia.

Los Ocho adaptados se verán a sí mismos cambiando para ser más vulnerables, necesitados y abiertos. Comenzarán a cuidar a los demás de una manera mucho más amable, centrándose menos en la confrontación y más en el refinamiento. Pueden acceder a sus mecanismos de defensa desde este punto de vista de una manera más segura y productiva.

El Tipo Nueve es el Pacifista

- Tríada: Defensor
- Enfoque Espiritual: La agenda de los demás
- Debilidad: Conflicto
- Fuerza: Amor incondicional
- Dirección Positiva: De ser demasiado pasivo a la acción correcta
- Esencia: Amor universal
- Personificación Segura: el Triunfador
- Personificación del Estrés: el Leal
- Alas: el Protector y el Perfeccionista

Caso de personalidad ejemplo 1

Breanna es la asistente del director de la orquesta filarmónica de su ciudad. Ella está a cargo de diversos aspectos de la producción de la orquesta, desde el diseño del programa hasta la gestión de producción y los preparativos del *green room*. Posee un maravilloso sentido de la música y es violinista. Tiene treinta y un años y es una figura respetada en su comunidad. Los trabajadores del personal asociados con la orquesta aprecian su calidez, su apoyo y su entusiasmo.

Breanna tiene una sala de música en casa, y es un desorden. Tiene una variedad de programas antiguos, partituras, carteles de orquesta, y la sala está polvorienta. Tiene algunas piezas de recuerdos escénicos por todas partes, una pieza de partituras firmada en el folleto de un famoso violonchelista enmarcado en la pared, y un piano cosméticamente imponente se posa en la esquina, repleto de pilas de papeles. La música se vierte constantemente de un altavoz, cuyo origen se desconoce. Breanna tiene un lugar especial en su escritorio dedicado a su esposo y sus tres hijos pequeños.

Breanna deja en claro que es informal y divertida en el trabajo. Hace bromas, se burla de los músicos y, en general, se asegura de que se estén divirtiendo. Para un extraño, su lugar de trabajo parece extremo y caótico, pero es un caos controlado. Breanna insiste en que no puede hacer su trabajo sin ser caótica en su oficina. Juega al "tira y afloja" con plazos y reglas, pero se las arregla para manejar las responsabilidades, aunque de manera desordenada.

Es consciente de sus problemas con la organización. A veces intenta arreglar las cosas y mantenerlas en orden, pero nada parece cambiar. Algunas veces, cuando Breanna se siente abrumada, puede comenzar a culpar a otros cuando no es razonable. Finalmente, consiguió su propio asistente y logró aportar más organización y orden a su trabajo y vida.

Caso de personalidad ejemplo 2

Max es el director de una gran organización sin fines de lucro con sede en Chicago. La organización coordina la financiación de diversos programas que brindan educación a las poblaciones desatendidas. Max trabajó durante años en una universidad local y subió de rango, convirtiéndose en decano asistente. Finalmente, comenzó la organización sin fines de lucro con un colega y la estableció como una organización de trabajo.

Max es padre soltero de dos hijos, uno de los cuales trabaja después de haberse graduado de la universidad. El otro está a punto de salir de casa para asistir a la escuela. Max y su esposa se separaron hace años; ella mencionó su pasividad como uno de los principales factores que creaba sus problemas.

Max es un trabajador efectivo y es conocido como un gran padre. También se preocupa por las personas fuera de su familia. La gente lo conoce como una persona a quien le pueden contar sus problemas. Él hace todo lo posible para ayudar a las personas. Es un buen cocinero y le agrada ser el hombre en el que la gente puede confiar en una barbacoa. Max tiende a funcionar ganando energía al estar cerca de otras personas. A la gente le agrada asistir a su casa, que se siente muy acogedora. Es una casa interesante, pero no se siente como si tuviera que andar con cuidado. Hay algunas mascotas alrededor, todas adoptadas de varios refugios.

El socio comercial de Max realmente valora su apoyo, y trabajan juntos de manera adecuada. Ha aprendido cuándo otorgar a Max el liderazgo y cuándo necesita completar los puntos débiles de Max en proyectos y coordinación. Max ha demostrado en su liderazgo de la organización sin fines de lucro que es un excelente mediador. Cuando hay una discusión con un administrador, donante u otra entidad comercial, él puede usar sus instintos para adaptar su comunicación y crear acuerdos. Hace que las personas en el grupo sientan que está tratando de unir a todos para beneficiar a toda la comunidad, en lugar de quedarse atrapado en problemas insignificantes o innecesariamente tediosos. Tiene una disposición cálida y vulnerable.

Max descubre que está mayormente satisfecho en su vida. Siente que, si se apega a lo que sabe, la vida funcionará mejor. Las cosas se han vuelto estables y ordinarias en este punto, y Max se siente cómodo con eso. Sin embargo, a veces descubre que se siente solo. Siente un poco de resentimiento por hacer tanto y no siente que otros hagan lo mismo por él. A Max no le gusta pensar en ello, y lo ignora escuchando un disco de rock and roll de los 70 o viendo una buena película.

El Pacifista es impulsado por la necesidad de evitar conflictos. Poseen un don de aceptación para los demás. No se acercan a los demás con prejuicios, y hacen que las personas se sientan comprendidas y aceptadas. Pueden ser muy imparciales porque tienen un sentido natural de amabilidad en torno al comportamiento malicioso. Expresan verdades duras con mucha calma y son capaces de manejar asuntos de profunda emocionalidad con poder y gracia.

Es discutible que el Pacifista sea una especie de personalidad estándar para los humanos, invulnerable a la falta de habilidad o amor de los padres. Si no hubiéramos crecido en el contexto que enfrentamos temprano en la vida, todos podríamos ser Tipo Nueve.

Con todas sus habilidades para la paz y la amabilidad, el Pacifista puede tener dificultades para comprender sus propias necesidades y su propia naturaleza. Necesitan descubrir lo que realmente quieren, quiénes son y cómo pueden existir en el mundo.

A veces, el problema del Pacifista es que carece de coraje, o no tiene suficiente sentido de sí mismo como para ser lo suficientemente importante como para mostrar su talento a otras personas. Pueden desvanecerse dentro y fuera de todo y estar en todas partes, pero no llegar a ningún lado. Si algo evoca una discusión, ellos la abordan, aunque no necesariamente con gran pasión. Si su pareja cambia la discusión, la abordan. Les gusta nadar con la corriente.

En la infancia, el Pacifista puede descubrir que fue ignorado o abrumado. Puede que fueran ignorados o rechazados si expresaban su propia opinión. Los intereses de su familia eran más importantes que los de ellos. Existe una inclinación colectiva a este tipo de personalidad. Los Pacifistas pueden haberse encontrado como niños en una situación tan difícil que tuvieron que encontrar un punto medio razonable. Es posible que hayan aprendido a analizar ambos lados de una situación antes de ser realmente lo suficientemente maduros para hacerlo.

El Pacifista es adorable. Estas personas son encantadoras y flexibles. Les gusta tomar el camino de menor resistencia y pueden temer las decisiones que los precisarán en cualquier situación. El vicio clave del Pacifista es menospreciarse a sí mismo.

Para ascender en su desarrollo, el Pacifista debe aprender a acceder a la energía e impulsarse a alcanzar los objetivos. Los Tipo Nueve se benefician al obtener la capacidad de organizarse y participar. A menudo se mantienen alejados de la competitividad o las expectativas poco realistas. El Pacifista debe recordar que ellos mismos pueden promulgar el cambio. Cuando el Pacifista se siente deprimido, debe recordar que la inacción alimentará su falta de motivación.

Capítulo 3: Descubrimiento de Interpretaciones

Las enseñanzas de G.I. Gurdjieff y Oscar Ichazo tienen mucho que ver con que el Eneagrama haya obtenido importancia en las últimas décadas. Ichazo y Gurdjieff estaban enseñando muy lejos el uno del otro, usando diferentes métodos e idiomas, pero tenían un interés en común el ayudar a las personas a convertirse en su ser auténtico más profundo a través de un programa de trabajo interno. Gurdjieff trabajó y vivió en Rusia y luego en Francia. Ichazo estableció una escuela en Arica, Chile en la década de 1960, donde enseñó su forma de usar el Eneagrama para el autoanálisis.

Gurdjieff conectó un concepto de inflexión platónica de esencia contra su manera en sus enseñanzas. Él enseñaba que cada persona tiene esencia y personalidad. La esencia de una persona es su naturaleza; es una verdad inherente de su ser. Nuestra personalidad es lo que ha surgido del contexto y las circunstancias con las que crecemos y desarrollamos desde la infancia. La forma de encontrar el ser esencial de uno mismo, para Gurdjieff, era pasar tiempo en un riguroso programa de observarse a sí mismo, y que todos, individual y colectivamente, debemos esforzarnos porque la transformación evolucione.

Oscar Ichazo es en gran parte responsable del sistema de personalidad del Eneagrama con el que trabajan la mayoría de las personas en la actualidad. Ichazo inicialmente denominó el sistema de autoanálisis utilizado para trabajar con el Eneagrama como "protoanálisis". Tenía un estudiante particularmente brillante llamado Claudio Naranjo. Naranjo estudió con Ichazo, y trasladó las enseñanzas de Ichazo a Berkeley, California, a principios de los años 70. Naranjo dirigió a grupos de personas que participaban en el protoanálisis y enseñó sobre los tipos de personalidad. Naranjo nació en Chile, pero se formó en los Estados Unidos como psiquiatra. Tomó en consideración muchas perspectivas diferentes en su desarrollo y enseñanzas, incluidos los arquetipos de Jung, el trabajo de Karen Horney, la filosofía existencial, el psicoanálisis y el trabajo de G.I. Gurdjieff. Él consideró el Eneagrama una herramienta poderosa para el crecimiento personal y un modelo integrador de personalidad.

Las enseñanzas de Gurdjieff, Ichazo y Naranjo se dividen en diversas categorías diferentes de estudio. Algunos han sugerido el término "psicoespiritual", es decir, abordar problemas de psicología y espiritualidad. Cuando comparamos el sistema psicoespiritual de enseñanzas presentado por Gurdjieff, Ichazo y Naranjo con el psicoanálisis, vemos una gran cantidad de similitudes. Ambas teorías del Eneagrama y la teoría psicoanalítica consideran la personalidad como el resultado de la interacción de un niño con el mundo. Ambos quieren tener en cuenta la disposición innata del niño y su entorno. Una diferencia es que la teoría psicoanalítica se enfoca un poco más en la infancia, y el Eneagrama es aplicable de igual manera a niños y adultos.

Existe una cualidad holística en el sistema de personalidad del Eneagrama. Dirige nuestra atención a la división tripartita que todos sentimos en la cabeza, el corazón y el cuerpo. Esto se refleja en el intelecto, la emoción y el comportamiento. El Eneagrama apoya una consideración igual del cuerpo y la mente, como se observa a menudo en la filosofía norte occidental. El Eneagrama sustenta un equilibrio entre estos tres para el funcionamiento.

Al usar el Eneagrama para distinguir a qué tipo se asocia más estrechamente, deberá considerar algunos elementos diferentes del mapa de personalidad del Eneagrama. El Eneagrama hace algunas distinciones en categorías: el intestino, el corazón y los tipos de cabeza. Estos se correlacionan con impulsos sexuales, impulsos sociales e impulsos de auto conservación.

Una parte importante para desbloquear estos tipos de personalidad y comprender mejor a los demás y así mejorar la comunicación es reconocer que cada persona es un microcosmos de todo el sistema. Es decir que los nueve tipos piensan, sienten, tienen un deseo sexual, un impulso a la auto conservación e impulsos sociales. Los nueve tipos poseen fortalezas y defectos. Entonces, al analizar su propio tipo y otros tipos de personalidad, deben permanecer conscientes de las actitudes comunes que nos rigen, y también de los factores contextuales para la personalidad. Betty, en la oficina, puede estar mostrando solo un lado de ella que le hará pensar que es Protectora. Pero en la mayor parte de su vida, ella es Leal. Cuando la desafían hasta el extremo, se comporta como la Investigadora. Podemos personificar aspectos diferentes de cada una de las personalidades. Si pudiera mirar más de cerca la vida de Betty, vería que tiene actitudes fundamentales y tendencias de desarrollo que se alinean con los impulsos de un tipo.

¿Qué nos lleva a nuestro tipo de personalidad más esencial? ¡La gente tiene que sobrevivir en el mundo! Comenzamos a organizar rasgos y características que nos ayudarán a abrirnos camino y formar relaciones, con los demás y con nosotros mismos. La personalidad está formada por nuestros mecanismos de defensa, hábitos de pensamiento, las emociones que vienen con los pensamientos, aptitudes y habilidades interpersonales, y una forma de cualidad física para manifestar nuestra energía. Una vez que comprendamos nuestra tendencia a tener cierta forma de vida, podemos desbloquear la oportunidad de un comportamiento proactivo, en lugar de reactivo.

Las Tríadas, las alas y las variantes del modelo de Eneagrama pueden proporcionar aún más información sobre nuestros comportamientos y tendencias. Los dos tipos a cada lado de cualquier tipo de Eneagrama son las alas de ese tipo. Las personas nunca son solo una de las personalidades descritas en el Eneagrama; siempre son una combinación de uno o dos de ellos. Esta es una razón por la cual no hay dos personas que parezcan completamente iguales en su comportamiento. Si un individuo es principalmente un Tipo Tres, las alas del Tipo Tres también estarán presentes en su comportamiento y personalidad. Esto significa que a veces pueden personificar las características de un Tipo Dos, y a veces pueden imitar un Tipo Cuatro. Algunos dirán que un individuo se comporta igualmente de ambas alas, es decir, si son de Tipo Uno, obtienen la misma influencia de cada una de sus alas. Otros piensan que las personas tienden a caracterizar la influencia de un solo ala a la vez.

Discutamos las personificaciones seguras y de estrés de cada uno de los tipos. Las líneas del Eneagrama ilustran el cambio en la personalidad de un individuo cuando se enfrentan a la seguridad, en comparación con el cambio en la personalidad de un individuo cuando se siente estresado o desintegrado. Cada tipo tiene dos líneas que lo conectan a otros puntos en el Eneagrama. Dependiendo del tipo de situación que enfrenta la persona, tienden a adoptar o personificar las características de un cierto tipo diferente. Estas son las direcciones de las líneas que ilustran la realización de la tensión: Uno se mueve a Cuatro, Cuatro a Dos, Dos a Ocho, Ocho a Cinco, Cinco a Siete y Siete a Uno. Dentro del triángulo, Nueve se desplaza a Seis, Seis se desplaza a Tres y Tres se desplaza a Nueve. Cuando las personas se sienten seguras y confiadas, y se perciben a sí mismas como saludables, existe la Personificación Segura. Las líneas que ilustran el cambio a una Personificación Segura son las siguientes: Uno cambia a Siete, Siete se mueve a Cinco, Cinco mueve a Ocho,

Ocho cambia a Dos, Dos cambia a Cuatro y Cuatro cambia a Uno. En el triángulo, Nueve se mueve a Tres, Tres cambia a Seis y Seis cambia a Nueve.

Las alas de una personalidad ciertamente complican las cosas, pero la geometría del Eneagrama es tal que posee un patrón y una organización. Existen muchas formas diferentes de analizar el Eneagrama. Puede tener sentido considerarlo un ciclo en sí mismo, comenzando desde el Tipo Uno, pasando al Tipo Dos, y hacia abajo a lo largo de la línea. El Tipo Nueve, el Pacifista, es donde se reinicia el ciclo. Las alas de una personalidad informan y afectan la forma en que se expresa la personalidad. El Perfeccionista, aunque tiene un gran impulso por la excelencia, a veces encontrará la necesidad de ayudar a las personas como un esfuerzo "perfecto". Esto demostraría que el Tipo Uno toma las características de su ala en ese lado. El Triunfador en ocasiones encontrará que quiere "ejecutar" el papel de ayudante. Este sería el ala del Triunfador del Tipo Dos que los impactaría. A veces, el Triunfador tendrá una inclinación artística y tomará el violonchelo o la pintura o la escritura. No es casualidad que el Triunfador esté situado al lado del Individualista, que está desesperadamente enamorado de todas las formas de arte.

Capítulo 4: Identidad y el Trayecto

Si aún no lo ha hecho, puede resultarle interesante intentar una autoevaluación del tipo de Eneagrama. Probablemente usted es el único que puede hacer esta clasificación por sí mismo; después de todo, usted se conoce mejor. Primero, tome tiempo para estudiar y observar cada uno de los tipos, de modo que pueda obtener una idea general de cómo puede ser cada uno de ellos. Puede encontrar algunos cuestionarios de auto informe de Eneagrama ya establecidos. Uno de ellos es la escala de estilo de personalidad del Eneagrama de Wagner. Otro es el indicador de tipo de Eneagrama de Riso-Hudson. Antes de realizar cualquier tipo de inventario de personalidad, debe asegurarse de que provenga de una fuente confiable y que tenga niveles suficientes de validez y confiabilidad.

La mayoría de las teorías sobre el desarrollo de la personalidad en el Eneagrama reconocen un punto de vista humanista, influenciado por el psicólogo Carl Rogers, entre otros. La teoría humanista sugiere que las personas crean un conjunto de mecanismos de defensa y estrategias de afrontamiento para mantener su seguridad y salud en el mundo. Algunas de estas estrategias de afrontamiento pueden ser saludables y otras no. Esto proporciona la distinción entre estrategias de afrontamiento adaptativas y estrategias de afrontamiento inadaptadas. Una estrategia de afrontamiento adaptativa es una forma de lidiar con los problemas y desafíos en el mundo que es saludable y útil, sin proporcionar muchos efectos secundarios negativos. Una cantidad moderada de ejercicio, expresar emociones a través del arte o asistir a grupos de terapia son ejemplos de habilidades de afrontamiento adaptativo. Algunos ejemplos de habilidades de adaptación inadaptadas serían la evitación (quedarse en casa para evitar sus problemas), el abuso de drogas o la violencia.

Cualesquiera que sean las habilidades de afrontamiento que desarrollemos, eso se convierte en una especie de identidad en sí mismo, y comenzamos a pensar en nosotros mismos como identificados por esas habilidades. En realidad, estas habilidades representan solo una parte de nosotros, ya sean adaptativas o inadaptadas, y existe una versión auténtica y definitiva dentro de nosotros mismos. El Eneagrama presenta un esquema básico por el cual podemos investigar nuestros mecanismos de afrontamiento adaptativos e inadaptados. A menudo, el Eneagrama no solo puede informarle sobre sus fallos, sino también cómo se está limitando. Es posible que escuche una descripción en el Tipo y se percate de que no lo está logrando debido a algún tipo de bloqueo.

La teoría del Eneagrama puede integrarse adecuadamente con las teorías occidentales del desarrollo, y Claudio Naranjo lo expresó en su trabajo. Naranjo pensó que, en reacción al dolor y la ansiedad, las personas buscan hacer frente a una situación urgente con mecanismos de afrontamiento igualmente urgentes. Cuando se repite la situación o amenaza urgente, encontramos lo que funciona mejor y seguimos llevando a cabo esos comportamientos. Los comportamientos se vuelven aprendidos y recompensados y continúan hasta la edad adulta.

Esta visión es esencialmente congruente con la teoría de las relaciones objetales. Los teóricos de las relaciones objetales creen que la personalidad surge de la forma complicada de adaptación de la persona a su entorno. El individuo lucha por las necesidades instintivas, como la necesidad de relación. Otra necesidad básica instintiva es la individualización o ser diferente y suficientemente independiente.

Las personas, como sabemos, son extremadamente complicadas. Obviamente, nadie es perfecto. Existen muchos padres que satisfacen las necesidades de sus hijos de manera insuficiente y otros, en demasía. A medida que las necesidades no se satisfacen o se satisfacen en exceso, el niño desarrolla mecanismos de afrontamiento. Si la situación permanece igual durante cierto tiempo, los comportamientos se fijarán. Esto es lo que constituye nuestra personalidad o carácter. Un popular adagio de psicología positiva afirma: "Cuida lo que piensas, tus pensamientos se convierten en tus acciones. Cuida lo que haces, tus acciones se convierten en tus hábitos. Cuida tus hábitos, tus hábitos se convierten en tu personalidad".

Cuando este proceso se recrea negativamente, es casi imposible que una persona joven analice lo que ha sucedido. Las acciones y los hábitos se vuelven inconscientes, y debido a ello, la persona se vuelve inconsciente al declive de concienciación. Comenzamos a pensar que lo que hacemos define quiénes somos. Esto a menudo se observa en las adicciones. La persona comienza a pensar: "Soy Karen, bebo todas las noches y eso es simplemente lo que hago". Puede imaginar todo tipo de situaciones en las que las personas usan esta justificación para continuar con las manifestaciones negativas de su personalidad. Esto resulta en que la persona se encuentre bloqueada para acceder a su yo auténtico, y puede terminar limitando su desarrollo a lo que potencialmente podría ser.

Aquí una descripción más detallada de cómo sucede:

1. Autoafirmación: se refiere a la aparición inicial del problema y la expresión de la necesidad.

2. Respuesta ambiental negativa: esto representa el rechazo del entorno (o de los padres) de satisfacer esa necesidad.

3. La reacción: esta es la respuesta automática al rechazo sufrido. A menudo es una experiencia emocional negativa, es decir, ira, terror o tristeza.

4. Auto negación: este paso es donde un niño o persona aprende a volverse contra sí mismo. Ahora están intentando bloquear la necesidad inicial que expresaron, aprendiendo que sus necesidades no pueden satisfacerse. También comienzan a bloquear la experiencia de la respuesta ambiental negativa. Es una identificación con el entorno carente. Este es el inicio de un conflicto potencialmente de por vida y es donde surgen muchas de nuestras patologías. Es donde aprendemos cómo mantenernos seguros por cualquier medida, y a menudo las medidas se vuelven inadecuadas.

5. Proceso de adaptación: puede ser un proceso de por vida, en el que la persona crece para aprender a compensar los pasos anteriores y para estar más equilibrado y hacer concesiones para resolver un problema sin solución.

Por lo tanto, nos quedamos con nuestra personalidad. La personalidad consiste en cuáles aspectos de usted ha expresado y cuáles aspectos quedaron reprimidos. Con lo que estamos lidiando es la supresión frente a la exageración de nuestras características. Con el Eneagrama, obtenemos nueve descripciones de patrones de pensamiento, sentimiento y actuación que se interponen en nuestro ser esencial y auténtico.

Analicemos los tipos y exploremos cómo los diferentes vicios y fortalezas de cada uno pueden ser causados o explicados por mecanismos de afrontamiento adaptativos o inadaptados. Al final de cada descripción, se presenta una pregunta. Esta pregunta puede ayudar a cada uno de los tipos a distinguir entre su historia de mecanismos de afrontamiento adaptativos e inadaptados.

El Tipo Uno, el Perfeccionista, es extremadamente ético. Se guían por el moralismo y a menudo son maestros o activistas. Tienden a tener un profundo miedo a ser malvados o deficientes. A menudo, las habilidades de afrontamiento que el Perfeccionista ha desarrollado reflejarán su deseo de ser "bueno", y pueden adoptar mecanismos de afrontamiento muy saludables desde el principio, como comer adecuadamente o hacer ejercicio. Sin embargo, existe el riesgo de que el Perfeccionista tenga dificultades para establecer un equilibrio en estos mecanismos y pueda tener problemas con los trastornos alimentarios o el ejercicio excesivo. Por otro lado, el Perfeccionista puede sublimar su vicio en rincones oscuros sobre los que nadie escucha, lo que puede implicar abuso de sustancias u otras formas de desahogarse. Al examinar cómo se manifiesta su personalidad, como Perfeccionista, debe preguntarse: "¿Por qué estoy tratando de ser perfecto? ¿Quién me dice o qué me dice que necesito ser perfecto? ¿Realmente necesito ser perfecto?"

El Tipo Dos, o el Servicial, es empático, genuino y amable. A menudo son bastante generosos y les agrada ayudar a los demás. El Servicial tiene miedo de ser no reconocido y no pertenecer a ningún lado. Este es el impulso para sentir amor. Los Serviciales desarrollarán formas interpersonales para protegerse en el mundo. Usarán las relaciones para alimentar su autoestima. A menudo se involucrarán en relaciones codependientes, en las cuales se vuelven dependientes de que otros dependan de ellos. Este es un ejemplo de una estrategia de afrontamiento inadaptada que el Servicial en ocasiones elegirá. Si el Servicial fuera capaz de manifestar su personalidad de una manera positiva y saludable, esa habilidad adaptativa de afrontamiento sería desarrollar intimidad desde el principio, ya que poseen una habilidad especial para hacerlo. El Servicial debería preguntarse: "¿Estoy compartiendo lo suficiente mis debilidades con el mundo? ¿Estoy permitiendo que me ayuden?"

El Tipo Tres, el Triunfador, es extremadamente orientado a objetivos, ambicioso y carismático. Son excelentes líderes y están motivados por la autoimagen y lo que perciben ser la imagen que los demás tienen de ellos. El Triunfador siempre fue impulsado, incluso a una edad temprana, a crear y lograr objetivos. Esto significa que aprendieron desde el principio a tener éxito y que eso sería lo que los mantendría seguros y conectados. Los éxitos en la escuela y el trabajo son ciertamente factores protectores en la vida de un niño. Sin embargo, son los mismos niños que son impulsados por sus padres e intentaron cumplir con expectativas poco realistas. Como resultado, los niños a menudo pierden el contacto con lo que es importante para ellos y carecen de autoconciencia y satisfacción. El Triunfador encontrará que una dosis fuerte de introspección será útil al comienzo de su viaje. El Triunfador debería preguntar: "¿A quién estoy tratando de satisfacer con mi éxito? ¿Realmente me siento contento con mis logros?"

El Tipo Cuatro es el Individualista. Son dramáticos, afectivos, creativos y pueden ser egocéntricos. Son cuidadosos con su propia intimidad, pero les agrada involucrarse en proyectos creativos con profundidad. A lo que más le temen es a no tener nada que sea significativo de ellos mismos, de no ser únicos. Buscan establecer su identidad en el mundo y que la gente los escuche. Los Individualistas a menudo aprendieron en el desarrollo temprano que tenían que encontrar un significado para sí mismos; les resultaba difícil conectarse con lo que los rodeaba y la vida les parecía aburrida. Entonces, se encomendaron la tarea de hacer que las cosas fueran mágicas para ellos mismos. Y generalmente tienen éxito, incluso si ese camino tiene costes. Al atender a su personalidad creativa y artística, a menudo rechazan o ignoran las demandas prácticas de vivir en el mundo. Pueden ser muy desorganizados. El Individualista, como sabemos por las biografías de muchos músicos, artistas y escritores, puede estar predispuesto al alcoholismo o al abuso de drogas, una estrategia de afrontamiento inadaptada. Sus estrategias de afrontamiento adaptativo incluyen crear y participar en el mundo del arte u otras tareas estéticamente satisfactorias. Los Individualistas deberían preguntarse: "¿Puedo admitir a mí mismo que soy importante? ¿Puedo admitir que soy bueno y que tengo un significado inherente como ser humano?""

El Tipo Cinco, el Investigador, generalmente está orientado a estar alerta y ser curioso. Son capaces de descubrir por qué las cosas son como son. Siempre están buscando y haciendo preguntas. El Tipo Cinco tiene un profundo miedo a ser inútil o incapaz. Pasan mucho tiempo mirando, escuchando, observando y percibiendo el mundo. El Investigador quiere estar protegido y fortalecido por el conocimiento. Esto es apropiado, pero en ocasiones, lo que sabemos puede hacernos daño. El Investigador puede haber desarrollado habilidades de afrontamiento que incluyen la recopilación de información y conocimiento para defenderse del peligro. Es posible que se hayan perdido el desarrollo de las habilidades adaptativas de trazar límites y mirar más allá de sus limitaciones. El Investigador puede preguntarse: "¿Cómo me estoy limitando? ¿Puedo aceptar que hay algunas cosas que nunca conoceré?"

El Tipo Seis, el Leal, es extremadamente comprometido en las relaciones y confía en sus amigos más que en nadie. Son muy cautelosos y pueden ser indecisos. El Leal busca garantizar que nunca será abandonado. Este es su miedo básico: que su sistema de apoyo desaparezca sin aviso y los deje algún día, sin explicación. Pueden preocuparse mucho. Los Leales desarrollaron habilidades de afrontamiento adaptativo para conservar sus relaciones. Aprendieron cómo hacer amigos con las personas y mantenerlos como amigos, satisfaciendo sus necesidades o manteniéndolos a salvo. El Tipo Seis siente que, si tienen suficiente apoyo, estarán bien. Los Tipo Seis pueden aprender estrategias de afrontamiento inadaptadas que también se derivan de su tipo de vinculación. Pueden descubrir que entablan relaciones desequilibradas, tal vez del otro lado del Servicial, y que solo se necesitan para satisfacer la necesidad de la otra persona. En este proceso de autodescubrimiento, los Leales deben preguntarse: "¿Puedo estar bien con la incertidumbre? ¿Puedo admitir la temporalidad de la vida?"

El Tipo Siete, o el Entusiasta, siempre se divierte, es espontáneo y se encuentra con gran versatilidad en situaciones sociales y de cualquier otro tipo. Tienden a estar demasiado entusiasmados con el mundo, buscando mantenerse ocupados y sentirse realizados. Tienen un miedo básico a ser privados o sentir dolor. Casi todo lo que capte la mente de un Siete será aceptado y tomado con entusiasmo. A menudo cometen el error de adoptar una actitud de idealismo extremo y se decepcionan cuando el mundo no está a la altura de sus expectativas. Su idealismo puede haber reforzado sus estrategias de afrontamiento adaptativo al principio de la vida. Por supuesto, ¿por qué alguien no querría un amigo que siempre esté viendo el lado positivo y siempre disponible para hacer esa hazaña divertida que planearon? El lado opuesto es que pueden verse envueltos en todas estas ideas. Es posible que se encuentren ocupados solo para evitar explorar su vida interior, y en realidad no saben lo que quieren. Mantenerse ocupado para evitar la vida es una estrategia común de afrontamiento inadaptado en nuestra sociedad. El Tipo Siete debería preguntarse: "¿Qué es lo que realmente me importa? ¿Qué estoy racionalizando que no es realmente tan impresionante como creo?"

El Tipo Ocho, o el Protector, se centra en el poder. Son asertivos y fuertes. Utilizan adecuadamente sus recursos y son decisivos. Su miedo básico es ser dañado o controlado por otros. También pueden ser conocidos como el Desafiador, ya que les atrae el desafío y la interacción con los demás de manera competitiva es una firme fuente de relación para ellos. Las estrategias de afrontamiento adaptativo que el Protector aprende a usar suelen estar vinculadas con la asertividad o la agresividad. Quizás más que otros tipos, es fácil observar cómo este comportamiento puede manifestarse fácilmente en las habilidades de afrontamiento adaptativo o inadaptado. Por supuesto, si el Protector se encuentra en una situación peligrosa, es probable que se defienda físicamente. Existen otros factores protectores asociados con la asertividad; pueden aprender a satisfacer sus necesidades más fácilmente que los tipos menos asertivos al poder exigirlo. Sin embargo, el camino de la asertividad y el camino de la agresividad son a menudo difíciles de distinguir, y puede ser difícil que el Protector ejecute uno sin involucrarse en otro. El Protector debería preguntarse: "¿Existe alguna parte de mí que sea profundamente vulnerable?"

El Tipo Nueve es el Pacifista. El Pacifista es tranquilo, afable y confiado. A menudo son creativos, pueden ser entusiastas y una parte útil de los sistemas de soporte. Tienen un profundo miedo a la pérdida y la separación. Quieren tener alegría en sus almas y en las almas de los demás. A menudo son "buscadores" de espiritualidad y tienen un sentido de conexión con la humanidad en su conjunto, no solo con sus compañeros. El Pacifista desarrolló habilidades de afrontamiento centradas en lograr armonía con las personas y situaciones. Esto puede haber funcionado correctamente para el Pacifista. Sin embargo, si el Pacifista no se encuentra adaptado como adulto, a menudo puede encontrarse simplemente "yendo con la corriente", de un lado de una relación codependiente, o simplemente que sus necesidades no sean satisfechas. Sus estrategias inadaptadas pueden significar que sea el "sumiso" o un facilitador. Aquí es donde han encontrado protección. Sin embargo, a medida que se desarrolla, el Pacifista aprende a tener un yo integrado, que delinea sus propias necesidades y la necesidad general de armonía. El Tipo Nueve debería preguntarse: "¿Qué es lo que realmente quiero para mí y que pueda significar que otros no aprueben completamente mi elección? ¿Me estoy perdiendo algo importante para mí porque tengo miedo de decepcionar a alguien más?"

La idea de la vida como un viaje es aquella que impregna todos nuestros arquetipos históricos e impregna nuestra mitología, literatura y arte. Pensar en la vida como un viaje puede ser útil para aceptar el contexto. Nuestro contexto es dónde estamos, qué somos, cómo somos y cuándo estamos. Para algunos, el Eneagrama es un tema con el que están familiarizados. Algunas personas se han dedicado al autodescubrimiento y al análisis durante décadas antes de encontrar el Eneagrama. ¿En qué punto del viaje se encuentra? Si es joven o viejo, no importa qué recursos tenga, aún está en el viaje. Este viaje, sin embargo, es paradójico. No hay principio ni fin. Esforzarse por encontrar ese día en que el viaje tiene un final es un error; esto se ha encontrado en la filosofía histórica budista. Cada día tiene sus desafíos y éxitos, desde el primero hasta el último.

Si utiliza el Eneagrama para obtener una idea general de su vida, se está otorgando el don de la comprensión. Obtener comprensión es una parte esencial del ser humano. Comprender dónde está en su viaje es importante. Sea amable con usted mismo. Las voces de juicio pueden sonar fuertemente en algunas mentes, pero el Eneagrama es un sistema igualitario de categorización. No existen jerarquías, no hay personalidad que sea mejor que otra, y el principiante es tan reconocido como el gurú.

De hecho, debemos considerar el vicio clave en nuestra personalidad no solo como algo inadecuado que se debe evitar y controlar, sino como algo que se debe aprovechar y utilizar para el bien. Existe una cierta reacción "disociativa" al vicio. Tenemos sentimientos extremos de vergüenza, culpa o castigo que refuerzan nuestra evasión de los vicios y tendencias negativas en nuestra personalidad. La cuestión es que nuestros vicios tienen mucho que enseñarnos sobre nosotros mismos. Nos cuentan cómo nos defendemos, cómo nos relacionamos con los demás y cómo vemos el mundo. El Eneagrama le invita a un diálogo con sus partes más negativas y le ayuda a considerarlas como parte de todo su ser. Su exploración creativa del Eneagrama debe estar repleta de ánimo y sed de convertirse en una persona responsable y completa.

El Eneagrama puede ser una herramienta excelente para que varias personas trabajen juntas en grupos reducidos. Si puede encontrar este tipo de sistema de apoyo en su trabajo de Eneagrama, entonces eso es genial. Tener un pequeño grupo de personas le permite hablar sobre lo que está descubriendo acerca de usted y sentirse seguro para explorar los lados oscuros de nuestra personalidad. A veces, otros pueden verle de una manera diferente a la que usted puede verse a usted mismo. Pueden señalar aspectos que han notado que se correlacionan con el conocimiento del Eneagrama, o pueden ayudar a aclarar su pensamiento.

Una vez que podemos interpretar el Eneagrama y desbloquear los significados de las diversas personalidades y cómo interactuar con ellos, a menudo nos queda la pregunta de cómo avanzamos y trabajamos con el conocimiento que tenemos ahora. Existen muchas respuestas para esta pregunta. Algunos de ellas involucran inmersiones personales en las profundidades de su ser interior y permiten la introspección como catalizador de un agente de cambio. Esto será más fácil para algunos que para otros, y ciertamente, algunos se perderán en las profundidades de sus propias almas. La introspección a veces puede llevar a una persona al siguiente paso de su desarrollo. Esto se puede observar en los cambios de comportamiento, como un adulto joven que decide arreglar su vida por primera vez. Puede estar muy entrelazado con actividades artísticas como la música, el arte visual o la escritura. El viaje hacia el cambio y la autorrealización puede implicar consultar a un consejero, líder religioso o persona mayor de la familia para que lo consulte. Existe una gran variedad de estilos de asesoramiento disponibles, desde la TCC (terapia cognitiva conductual) hasta los hipnoterapeutas y otras opciones.

Cualquiera que sea el caso para el camino hacia el cambio, ahora tenemos suficiente comprensión del cerebro y su neuroplasticidad para saber que la adaptación en los individuos es totalmente realista y posible. La neuroplasticidad es la capacidad del cerebro para crear una nueva conexión y hacer crecer más células en respuesta a las experiencias. Esta capacidad de crecer y adaptarse a nivel neuropsicológico incluye conexiones que nos ayudan a vivir de manera más saludable y a tener mejores relaciones y conexiones que no lo logran. Aquí es donde la conciencia nos puede ayudar. La autoconciencia es comprender nuestros pensamientos y sentimientos y poder reconocer cuando estamos mostrando características de cierto tipo, para bien o para mal. ¡El Eneagrama puede ayudarnos a usar etiquetas y darle sentido a nuestras personalidades para que podamos detectar nuestras tendencias y, cuando sea apropiado, actuar de manera diferente! El paradigma del Eneagrama permite una comprensión más profunda y, en última instancia, la autoaceptación.

El Eneagrama es un símbolo cósmico y, como tal, tiene diferentes formas y funciones. Su geometría está situada de una manera universalmente armoniosa, y la geometría del Eneagrama contiene una forma de mapear las interrelaciones que se encuentran en las tendencias y comportamientos humanos. Una forma de usar el Eneagrama como un mapa de otra manera es un Eneagrama para un proceso de transformación.

La siguiente lista es una contextualización del Eneagrama. Utiliza el círculo externo para describir los eventos temporales y el triángulo interno para denotar las fases del autodesarrollo interno y externo. Es así como está configurado:

1. Aclare el Problema
2. Planifique la Estrategia Inicial y Reúna Recursos
3. Mostrar El Valor del Problema
4. Realice un Trabajo Inicial para Resolver el Problema
5. Encuentre una Manera de Resolver el Problema
6. Mostrar la Visión de la Solución
7. Resuelva los Detalles
8. Presente los Resultados
9. Proceso Completado/Problema Mostrado

El exterior del círculo ilustra los aspectos funcionales de la transformación. Es lo que sucede durante las tareas cognitivas que completamos con respecto a los problemas. El punto 0 es cuando el problema entra en nuestra conciencia. Nos sentimos atraídos por el problema y queremos resolverlo. Esta es también la sensación de que nuestros problemas anteriores desaparecieron. ¡La naturaleza circular de este problema representa la naturaleza de tener problemas en primer lugar!

El punto 1 es la tarea de aclarar el problema. Esto no siempre resulta tan fácil como parece. ¿Cuál es exacta y precisamente el problema? A veces, el problema se desvanece o se minimiza. Digamos que John quiere estar más emocionalmente disponible. Su problema es que no tiene suficiente disponibilidad emocional. ¿O es eso? Mientras participa en el tipo de introspección que es necesario para encontrar este problema, John puede observarlo más de cerca y darse cuenta de que no siente que personalmente tenga suficiente apoyo emocional. Este, en lugar del primer problema, puede convertirse en el problema más importante o urgente.

El punto 2 es planificar y reunir. "¿Qué va a hacer al respecto?" Este paso es un gran desafío para algunas personas. Para aquellos que sufren de indecisión, que puede derivarse de la depresión, a veces esto es lo más lejos que pueden llegar. Solo intente no decidir que no puede hacer nada al respecto porque eso no es realmente verdadero.

El punto 3 es el valor del problema. A veces, necesitamos elegir nuestras batallas. A veces, el tiempo y el esfuerzo necesarios para resolver un problema pueden requerir una especie de rendición. En el caso de John, darse cuenta de que necesita un mayor sistema de apoyo emocional es un problema muy importante. Es un problema que, si se trabaja, proporcionará al individuo muchas recompensas.

El punto 4 presenta el trabajo inicial que se necesita para resolver un problema. Esta fase de transformación será más fácil si los primeros pasos se completan con éxito. Si puede hacer que esta sea una tarea directa, será más fácil de completar. Nuestro ejemplo, John, puede tomarse este tiempo para comenzar a trabajar en establecer conexiones que ha perdido, o abrirse a otros de una manera leve y moderada, para iniciar.

El punto 5 es donde uno debe encontrar una manera de resolver el problema. Esta puede ser una etapa de gran tensión, especialmente si el problema está produciendo suficiente tensión como para alcanzar un umbral de cambio. Esta etapa contiene momentos mágicos. John puede descubrir que alguien más siente lo mismo que él porque comenzó a trabajar y asistió a un evento social, o puede descubrir que tiene más valentía debido a una nueva conexión. Es aquí donde nos orientamos hacia la solución.

El punto 6 es la visión de la solución. Entra en la conciencia y nos permite completar el proceso de resolución del problema. Por lo general, comenzamos a "entenderlo". En esta etapa, John se está percatando de los comportamientos que desbloquearán un mejor apoyo social y está mejorando al hacerlo.

El punto 7 es señalar los detalles de la solución. ¿Qué se necesita realmente para llevarlo hasta el final? Es aquí donde la solución se solidifica, en lugar de ocurrir instantáneamente, la solución se manifiesta con el tiempo.

El punto 8 presenta los resultados o muestra la solución en una forma que se conecta con usted. Esto es para reconocer que usted se dedicó al trabajo para lograr una transformación en su vida y lo solidificó para que pueda repetir los pasos útiles en el futuro y mejorar su proceso.

Los conceptos de conciencia, comunicación y comprensión son necesarios para navegar este proceso con éxito. Si no queda atrapado en todos los bloqueos emocionales y de comportamiento, estos pasos pueden proporcionar un método para lidiar responsablemente con situaciones difíciles.

Capítulo 5: Tipos y Comunicación

La comunicación es un problema muy citado en las relaciones. En muchas fases diferentes acerca del desarrollo, las personas pueden encontrarse con un bajo nivel de autoconciencia. El Eneagrama puede ayudarnos a aumentar los niveles de autoconciencia y comprensión. Es con esta autoconciencia y comprensión que podemos comenzar a construir relaciones mejores y más saludables, marcadas por una comunicación clara y abierta. Lo que se transmite en esta comunicación son nuestras necesidades, nuestros objetivos y nuestra visión de vida. La tipología del Eneagrama puede ayudarnos a percatarnos de cómo estamos actuando y a comprender mejor nuestro comportamiento y nuestras relaciones.

Cuando nos enfrentamos a una lucha de dinámica interpersonal, a menudo podemos quedar atrapados en un ciclo de retroalimentación reactiva. El problema se presenta: una persona se vuelve molesta o demasiado necesitada.

A continuación, mostramos un caso de ejemplo de cómo una conciencia de su propio tipo y el de los demás puede conducir a un ambiente de trabajo más armonioso.

Katherine trabaja como profesora universitaria de tiempo completo, enseñando inglés en múltiples clases para estudiantes universitarios. Katherine es una perfeccionista, un Eneagrama Tipo Uno, y considera que su fuerte sentido de la justicia, junto con sus altas expectativas y estándares estrictos, han reforzado su capacidad para tener éxito en su campo. Recientemente se enfrentó a Sam, un nuevo profesor asociado, que tomará parte de la instrucción en sus clases. Sam es el Entusiasta, un Eneagrama Tipo Siete. Sam tomó mucha preparación e incluyó planes de lecciones con un mes de anticipación cuando comenzó. Katherine quedó muy impresionada por ello, ya que muestra un alto nivel de expectativas y organización. Su reunión inicial los dejó a ambos sintiéndose de manera correcta acerca de su nueva relación laboral y entusiasmados de trabajar juntos. Se llevaban bastante bien, aunque a veces Katherine descubrió que Sam tiene un poco más de energía y es más sensible en el entorno laboral de lo que sería ella. Al principio, ella interpretó esta sensibilidad como entusiasmo y consideró que Sam estaba ansioso por aprender y ser reconocido para mejorar en su trabajo, lo cual ella entiende.

Sin embargo, a medida que pasan las semanas, Katherine se percata de que Sam está empezando a dejar de seguir el curso en sus clases. Es muy inteligente y competente, pero a menudo se desvía hacia materias tangenciales que se alejan demasiado del material de clase. Sam también ha comenzado a reprogramar su reunión semanal de supervisión. Katherine ha marcado consistentemente en su calendario un día y una hora para reunirse, y prefiere cumplir con ese horario. Sam reprograma la reunión un par de veces, y Katherine menciona que prefiere tener la reunión a la hora programada originalmente. Katherine señala que acordaron reunirse en ese horario todas las semanas. Sam está de acuerdo, pero también agrega que aun así se reúnen todas las semanas, solo que no en ese horario. "Ese no es el punto", piensa ella.

Sam comienza a presentarse a la hora programada originalmente para la reunión, y esto continúa durante algunas semanas. Luego, Sam intenta reprogramar la reunión, y Katherine se enoja, sacando a relucir que no es profesional reprogramar las reuniones con tanta frecuencia. Sam le hace saber que está muy ocupado y tiene varios proyectos que está tratando de mantener fuera de este trabajo. Katherine descarta este punto directamente. Sam sale de la oficina sintiéndose incomprendido y lamentando la rigidez de Katherine.

Katherine se pregunta qué hacer. Ella reflexiona sobre diversas respuestas a la situación y luego recuerda la capacitación en la que se utilizó el Eneagrama para facilitar la comprensión de los estudiantes. Ella se percató de que esta podría ser una situación que podría beneficiarse enormemente de cierta comprensión. Le envió a Sam la herramienta de evaluación para el Eneagrama y le solicitó traerla consigo a su próxima reunión.

Cuando Katherine y Sam se reunieron, analizaron que Sam es el Entusiasta, y para sentirse feliz, a veces necesita sentir que está ocupado. Le gusta enseñar y tiene el don para ello, pero tiene problemas para confiar en sí mismo para establecer compromisos importantes como lo requiere. Él siente que, al sumergirse completamente en este trabajo como profesor asociado, se está perdiendo algunas otras oportunidades que podría tomar. Es activo en el trabajo voluntario, dedicando parte de su tiempo a una organización local sin fines de lucro que trabaja con poblaciones desatendidas. Es parte de un equipo de softbol, toma clases de violín y hace ejercicio todos los días. Todas estas actividades hacen que se sienta cansado, pero satisfecho, y se siente agotado casi todo el tiempo. Esta es su razón para faltar a las reuniones de supervisión. Su intención no es ser irrespetuoso o poco profesional, pero no puede abandonar ninguna de las otras actividades apreciadas. Reconoce, con Katherine en la sala, que su espontaneidad a veces puede parecer como impulsividad y falta de profesionalismo.

Katherine, la Perfeccionista, una Eneagrama Tipo Uno, le confirma a Sam que entiende que a veces puede ser perfeccionista y rígida, especialmente cuando siente que no se la respeta. Ella comparte con Sam que tiene un profundo deseo de educar, compartir su sabiduría y ayudar a los jóvenes a vivir mejores vidas. Ella sabe que puede ser autoritaria y crítica, pero proviene de buenas intenciones, la intención de querer ayudar a otros a alcanzar su potencial. Le comenta a Sam que a veces es difícil relajarse y ser flexible. También reconoce las emociones que despierta en ella cuando las personas que la rodean no demuestran la misma adherencia a la estructura.

Ambos se sientan y tienen esta conversación, y al final, pueden ver lo que cada uno necesita individualmente y lo que necesita proveer para el otro. Es importante que Katherine tenga la estructura suficiente para poder facilitar el tipo de ambiente de trabajo que necesita. Sam necesita algo de flexibilidad en la programación. Elaboran un sistema para cuando necesitan reprogramar; y le informará a Katherine con suficiente antelación para que no afecte su horario semanal. Ambos acuerdan que entablarán una comunicación abierta sobre sus necesidades y obligaciones. Katherine tratará de proporcionar la misma cantidad de comentarios positivos y críticas por la enseñanza de Sam. Sam creará un plan de lección con al menos una semana de anticipación para que Katherine lo apruebe.

Concluyen la reunión sintiéndose entendidos, conectados y en acuerdo entre sí. Ninguno de los dos intentó cambiar su personalidad para adaptarse a la situación; ambos reconocieron aspectos de su personalidad y aceptaron que son dos personas diferentes que trabajan juntas. Lo que han hecho es proporcionar información sobre sus situaciones. Katherine se percató de cómo su personalidad puede afectar a las personas. Sam obtuvo una idea de cómo su vida puede funcionar de manera adecuada para las personas que lo rodean. Están estableciendo una relación de seguridad, confianza, comprensión y conexión.

Katherine y Sam experimentaron un conflicto de dinámicas de personalidad en su relación.

Si examina lo que sucedió aquí, encontrará un conjunto completo de características para la "intervención", o lo que sea necesario para que una relación vuelva a funcionar.

Una de estas es la aceptación. Existen muchas personas en el mundo que encuentran en sí mismas la capacidad de juzgar y posteriormente proyectar. ¿Qué significa esto? Significa que tienen partes de sí mismos que no han aceptado. Puede ser una experiencia que no logró integrarse adecuadamente en su comprensión. Podría ser que tomaron una mala decisión hace años que afectó su vida. Podrían ser circunstancias fuera de su control que no pueden aceptar.

Por ejemplo, tomemos el Tipo Cinco, el Investigador. El Investigador es ese niño inteligente que se sienta en clase y nunca habla, aunque usted sabe que él sabe la mayoría de las respuestas que el maestro le pregunta a la clase. Piensa en la respuesta, pero no la dice en voz alta. En la infancia temprana, esto generalmente funciona; los adultos pueden percibir el nivel de inteligencia que suelen tener estos niños, y se percatan de que el niño es de este tipo. Sin embargo, a medida que nos desarrollamos en la edad adulta, se espera que cada vez más nos representemos a nosotros mismos a través de nuestro discurso y que desarrollemos comunicación verbal para ser parte del grupo y desarrollar relaciones. Puede haber un maestro que se acerca al niño y le indica: "Lo hiciste muy bien en tus tareas y exámenes escritos, pero no puedo darte un 10, porque no hablaste ni una vez durante los momentos de participación en clase". El Investigador tendrá que aceptar este punto: su tendencia natural ha funcionado, hasta ahora, pero ha llegado a un momento en que este aspecto subdesarrollado de su personalidad debe ser reforzado y utilizado en mayor medida. La forma de comunicarse con un Tipo Cinco en esta situación es así: debe brindarles una razón. Puede decir: "Vas a tener que aprender a expresarte, a hacerte notar y darte a escuchar. Tienes buenas ideas y pensamientos inteligentes sobre el material. Me encantaría verte hablar más". Reconoce que sus habilidades no están subestimadas.

Exploremos más aspectos de la forma en que Katherine y Sam se unen y se comunican usando el Eneagrama para guiar el camino. Otro aspecto que están empleando es la concienciación. La concienciación, en pocas palabras, es percatarse de lo que siente, ve, oye, piensa o hace. Tanto Katherine como Sam poseen un nivel de conciencia. Katherine probablemente tiene un mayor nivel de concienciación, debido a sus años de experiencia frente a la juventud de Sam. Katherine pudo usar su mayor nivel de concienciación para notar sus pensamientos, sentimientos y acciones. Al principio, notó que se sentía molesta cuando Sam faltaba a una reunión. Pudo reconocer sus sentimientos y luego exploró sus sentimientos, para ver detectar podría ser la causa raíz. Existen diferentes niveles de concienciación, y el primer nivel es saber lo que usted siente en el aquí y ahora. Cuando siente las sensaciones físicas del miedo (por ejemplo, el endurecimiento del pecho o los latidos del corazón), cognitivamente lo etiqueta como miedo. El reconocimiento es el primer paso, y se sorprenderá al notar que puede ser muy difícil para algunas personas. Las personas tienen que aprender a identificar y etiquetar las emociones. A menudo, los niños tendrán problemas para etiquetar sus emociones y dirán que se sienten "confundidos" o que no tienen palabras para describir cómo se sienten. Los adultos también tienen este problema; alguien podría pensar en su estado de agitación como enojo, cuando en realidad lo que siente es miedo y pánico. Una vez que una persona puede usar este primer nivel de concienciación para notar y etiquetar las experiencias emocionales, puede encontrar un significado más profundo y las causas subyacentes de las experiencias emocionales. Tal vez no fue ira lo que usted sintió cuando esa persona le cortó el paso, pero tal vez fue una intensa sensación de miedo porque usted tuvo una experiencia en un accidente automovilístico. A veces, cuando le grita a ese representante de servicio al cliente por teléfono, realmente no le grita a él o ella. Le está gritando a su propia madre, a su maestra de infancia o a su tío.

En un nivel superior de concienciación, estamos resolviendo estas cosas: ¿por qué sentí esa ira ayer? ¿Pude expresarlo adecuadamente? ¿Cómo estaba representando mi ira? ¿La conservé en mi interior? A menudo, existen problemas profundos y no resueltos que encontramos cuando realmente prestamos atención a las emociones y pensamientos que están sucediendo a lo largo de nuestras experiencias.

En el caso de Katherine y Sam, Katherine utilizó sus intensas habilidades de autoconciencia para reevaluar su situación. Ella sabe que no le agrada cuando la gente llega tarde y se percata de que podría haber otro lado de la historia. Cuando Sam constantemente faltaba a las reuniones, otra versión menos consciente de Katherine podría haber mantenido esa sensación acumulada hasta que sintiera que no tenía más remedio que despedir a Sam. Katherine se mantuvo tranquila, sin embargo, notó su enojo y frustración y decidió hacer algo al respecto. ¿Qué fue lo que hizo? Inició una conversación responsable y bilateral sobre quién es ella y quién es Sam. Sam tenía al menos suficiente conciencia para saber que desea mantenerse ocupado, pero también desea conservar su puesto trabajando con Katherine. Sin embargo, si Katherine no fue capaz tomar la iniciativa de pedirle que se analizara a sí mismo, es posible que nunca lo haya logrado. Una vez que Katherine y Sam pudieron establecer e identificar sus personalidades, cada uno observó un lado de la historia que no podían ver antes. Cada uno posee impulsos separados, algunos conflictivos y otros congruentes, y ambos tienen necesidades, nuevamente, algunas conflictivas y otras congruentes. Todos estos impulsos y necesidades son válidos. Solo necesitaban identificar el problema y comunicarse entre sí al respecto.

Analicemos algunos de los obstáculos que enfrentan las personas cuando intentan comunicarse con otros. El primero es la falta de claridad. Cuando habla con alguien sobre temas interpersonales, o realmente, cualquier cosa, es importante decir lo que piensa y pensar lo que dice. Si quiere decirle a May que su música le distrae, trate de no decir, "May, esa música apesta". Usted podría pensar que está dejando en claro que quiere que la música baje un poco de volumen, pero no es así. Tal respuesta se burla de su gusto, cuando tal vez ni siquiera sepa que sus acciones le están afectando. Obviamente, a veces puede ser difícil ser claro, especialmente si el tema es complicado de discutir. Por otro lado, a veces puede que necesite amplificar sus preocupaciones. Si a un Tipo Dos, el Servicial, se le presenta el problema de que una persona obstruye sus propias necesidades o deseos, a veces puede atenuar sus necesidades o ignorarlas por completo. En lugar de: "Disculpe, ¿cree que podría considerar no hacer eso?", pruebe, "eso no funciona para mí" o "necesito encontrar una solución para este problema". Aclarar sus pensamientos puede lograr maravillas en la comunicación.

Otro aspecto importante de la comunicación es la amabilidad. Esto puede ser más difícil para algunos tipos que para otros. El Perfeccionista es un ejemplo clásico; a veces pueden tener problemas para mantener sus críticas hacia los demás constructivas y pueden tener una visión binaria de lo que es adecuado. Tienden a usar este juicio sobre sí mismos y se filtra en sus juicios sobre otras personas.

Ahora, puede descubrir que no siempre se encuentra en el tipo de situación que permitirá una conversación determinada con alguien sobre cada uno de sus tipos de personalidad. Por supuesto, cada interacción complicada que tengamos en un mes no puede conducir a una reunión similar a la de Katherine y Sam, porque eso obviamente no es práctico. Sin embargo, al tomarse un tiempo para considerar por qué es usted como es (una forma convincente de describir lo que el Eneagrama puede hacer por usted), podrá al menos hacerse entender. A partir de ahí, el mundo tiende a abrirse a las personas. Puede usar su comprensión de sí mismo para encontrar la capacidad de entender a los demás.

Por ejemplo, supongamos que se encuentra con un libro sobre el Eneagrama de la personalidad. Lo lee, empieza a interesarse e inmediatamente se reconoce como Tipo Seis, el Leal. Lee un poco más y comienza a verse a usted mismo desde otra perspectiva. Empieza a leer sobre los otros tipos y tiene más pensamientos analíticos. Algunas de las características de los otros tipos también coinciden con usted, y se encuentra etiquetando a los miembros de su familia y compañeros de trabajo. Esto ayuda a generar un nuevo patrón de conciencia en torno a diferentes tipos de personas. Puede descubrir que la observación que mantiene es algo que ahora comprende de otra manera. Esta nueva conciencia puede servir como marco para pensar en otras personas. Cuando se presenta una situación difícil o tensa, puede tener un poco de perspectiva sobre lo que le hace ser como es y cómo otra persona podría estar percibiéndole.

Otra cosa a considerar cuando se usa el Eneagrama para mejorar la comunicación es analizar los estilos de comunicación de los diferentes tipos. Cada tipo tiene fortalezas y debilidades en su estilo de comunicación. El tipo uno, el Perfeccionista, tiende a ser honesto y educado. Sin embargo, pueden tener problemas cuando se desvían hacia su tendencia natural a usar palabras que evocan juicio en su comunicación. Un Perfeccionista debe esforzarse por recordar que los demás no necesariamente se adscriben a sus estándares y expectativas, los demás pueden tratar de no decir que las personas están obligadas o deben hacer las cosas de la manera en que el Perfeccionista percibe que las cosas deben hacerse. Pueden ser muy obstinados. Un consejo que pudiera utilizar el Perfeccionista es sintonizar su lenguaje corporal y prestar atención a lo que dice su cuerpo.

El Tipo Dos, el Servicial, escucha adecuadamente. En general, son buenos haciendo preguntas, ya que disfrutan provocando los sentimientos y pensamientos de los demás. Los Tipos Dos se sienten como en casa en muchas relaciones y se comunican de manera correcta con ciertos tipos. El Servicial debería intentar no dar demasiados consejos no solicitados, que a veces pueden preocuparles. El Servicial a menudo necesita esforzarse por expresar sus propios sentimientos, de la manera que les funcione mejor. Al ser más honesto y en el momento con su comunicación, el Servicial puede mantener límites más claros.

El Tipo Tres, el Triunfador, a menudo tiene mucha confianza, y esto ayuda para su comunicación. Son buenos para comunicarse sobre problemas y para encontrar soluciones. A menudo será una experiencia agradable hablar con un Tipo Tres. Pueden volverse impacientes, en ocasiones, con conversaciones demasiado largas o conversaciones emocionales. El Triunfador Tipo Tres a menudo necesita aprender a escuchar más a los demás. Esto se puede lograr aprendiendo sobre la escucha activa, haciendo preguntas, manteniendo contacto visual y mostrando interés en los intereses de conversación de una persona.

El Tipo Cuatro, el Individualista, puede mantener conversaciones muy profundas e intensas. Pueden reflejar al Servicial en este aspecto. La comunicación de un Individualista a menudo no es crítica ni superficial, lo que los hace expertos en entender lo que la persona quiere decir. A veces, pueden ser demasiado intensos, buscando un significado más profundo donde no existe alguno. Un consejo para un Tipo Cuatro en su comunicación es recordar que no siempre es posible tener una conexión increíblemente profunda con todos; simplemente no es posible.

El Tipo Cinco, el Investigador, es favorable en ser respetuoso en su discurso. Por lo general, pueden encontrar algo para divertirlos y les agrada observar a los demás en sus patrones de habla y comunicación. Los Cinco, como los Dos, a menudo carecen de su capacidad para compartir sus propios sentimientos, por lo que un consejo para los Tipo Cinco en su comunicación es compartir más información personal y sentimientos con los demás y tratar de no preocuparse por lo que otros puedan hacer con esa información.

A los Tipo Seis, los Leales, les agrada tener conversaciones complejas. Disfrutarán de un tema serio, y podrán tener sentido del humor sobre cosas serias. Tienden a ser ingeniosos e irónicos en su discurso. Pueden volverse demasiado reactivos en algunas situaciones y deberían esforzarse por ser menos defensivos y más receptivos. Un Tipo Seis debería cuestionar menos los motivos de los demás y confiar en su propia percepción.

Al Tipo Siete, o al Entusiasta, le agrada contar historias prolongadas. Cuando intente seguir la lógica de un Siete, trate de permanecer abierto y enfocado, ya que puede ser fácil perderlos. Son alegres y hablan rápido. Son buenos para involucrar a las personas y mantenerlas interesadas en sus historias y bromas. Un Tipo Siete podría descubrir que necesita contar menos historias y hacerle más preguntas a los demás para mejorar su comunicación.

El Tipo Ocho, o el Desafiador, a menudo es muy directo y sincero. Pueden usar su franqueza para obtener buenos o malos resultados. Les gusta la acción y están interesados en confrontar a otros y ser confrontados. Los Ocho pueden ser un poco exigentes en su discurso, que es algo que debe mejorar con el tiempo. También pueden ser despectivos y enojarse más fácilmente que otros Tipos. Un Desafiador debe tratar de escuchar a aquellos a quienes no poseen alta estima. Pueden descubrir que han juzgado mal a la persona.

El Tipo Nueve, o el Pacifista, comúnmente le parece a la gente que es relajante interactuar con ellos. Generalmente son buenos comunicadores y les agrada ratificar a los demás. Establecen una buena relación fácilmente y hacen buenos amigos. A veces, los Nueve tendrán una baja expresión de sí mismos, o pueden ser ambiguos e indecisos. Un consejo para que el Nueve mejore su comunicación es ser honesto y abierto y compartir sus pensamientos más rápidamente con los demás.

Capítulo 6: Comprensión de Sí Mismo, de Otros y las Tríadas

No existe ningún punto en el que alguien, tal vez salvo algunos monjes y ascetas espirituales que afirman haber alcanzado la iluminación, llegue al final del desarrollo personal y pueda afirmar: "Ahora soy perfecto". La clave para trabajar con nosotros mismos es entablar un diálogo con nosotros mismos y con nuestro desarrollo. Esto no significa emitir un juicio sobre nosotros mismos, sino que debemos prestar atención a nuestros pensamientos, hábitos, actitudes y necesidades. La comprensión es parte de la concienciación, y cuanto más comprendamos el viaje de nuestra vida hasta ahora, más lograremos entender cómo lidiar con los problemas y mejorarnos a nosotros mismos.

Aquí se presentará alguna teoría de la psicología para aclarar algunas de las partes más complejas de la estructura del Eneagrama. Las temáticas de carácter y los temas en el Eneagrama presentan un sistema de desarrollo en el triángulo interno del símbolo. Han existido muchas teorías de desarrollo en estudios espirituales y psicológicos, y el Eneagrama es congruente con muchas de ellas. El triángulo interno conecta al Tipo Nueve, el Pacifista; Tipo Tres, el Triunfador; y Tipo Seis, el Leal. Cada uno de los puntos también clasifica los dos tipos más cercanos en la misma categoría, creando tres grupos de tres. Estos se conocen como tríadas. Se dividen en tres conceptos discutidos previamente: el cuerpo, la cabeza y el corazón. Esto refleja las tareas de desarrollo que debemos enfrentar en nuestra juventud según la psicóloga Margaret Mahler. El sistema de Mahler incluía las fases de diferenciación, práctica (o exploración y prueba de peligro en el mundo) y acercamiento o negociación de la propia necesidad de individualidad con la necesidad de relacionarse.

Una persona puede pasar por estas etapas rápidamente en la infancia, o puede extenderse hasta la edad adulta. También pueden ser etapas cíclicas, que pasan una y otra vez a medida que una persona ingresa a nuevas fases de desarrollo de la vida. Se puede observar que los problemas de desarrollo de Mahler coinciden adecuadamente con el triángulo interno del Eneagrama. Los tipos de "cuerpo" están orientados principalmente a la fusión que experimentan las personas. Tienen dificultades para diferenciarse. Este tipo de personas puede encontrar que adoptan demasiado los sentimientos o actitudes de otras personas en la infancia.

Los puntos Dos, Tres y Cuatro son la tríada emocional o del corazón; los puntos Cinco, Seis y Siete son la tríada mental o principal; y los puntos Ocho, Nueve y Uno son la tríada instintiva o basada en el cuerpo. La tríada emocional se denomina Sujetador, la tríada mental se denomina Separador y la tríada instintiva se denomina Defensor.

Los Defensores (tríada instintiva o corporal, de ira o de diferenciación): los Tipos Ocho, Nueve y Uno son Defensores. Están auto protegidos; luchan contra otros o al menos se mueven contra ellos cuando es necesario, como una forma de darle sentido y operar en el mundo. Los Defensores encontrarán que las principales tareas de desarrollo en sus vidas se centran en la diferenciación y la independencia. Cada uno de estos tipos basados en el cuerpo expresará su búsqueda de diferenciación de diferentes maneras. Experimentarán conflictos y patrones relacionados con la autodefinición, y esta es la lucha que subyace en el viaje de desarrollo central para cada uno de estos tipos. Ahora, la búsqueda de la diferenciación o la toma de conciencia de que cada uno tiene el poder de ser independiente y de considerarse digno de independencia es parte del viaje de todos los Tipos. Para los Defensores, sin embargo, esta tarea sigue siendo un problema al que siempre se enfrentarán de alguna manera. Esto los distingue de los otros Tipos.

A veces, nuestro camino hacia la diferenciación se presentará sin problemas, y otras veces no será así. Para los Defensores, esto afectará el desarrollo de su identidad y personalidad. Esta es una lucha humana básica que se refleja en nuestro nacimiento. Antes de nacer, somos uno con otra persona físicamente; vivimos dentro de ese cuerpo físico y eso es natural y correcto. Los defensores pueden tener dificultades para superar el trauma espiritual de tener que abandonar ese estado, al ingresar al mundo frío e indeterminado. Podemos imaginar la perspectiva del bebé en esta etapa de desarrollo. Parte de nuestro desarrollo como humanos es desarrollarnos para ser físicamente capaces de vivir. Debemos separarnos de la fusión física perfectamente simbiótica del útero. Si observa los tipos que se extienden alrededor del círculo del Eneagrama, puede observar el proceso de transformación de fusión total, a ser más independiente y auto referenciado.

A medida que los bebés experimentan la fase inicial de la vida, tienen que lidiar con este problema. Conforme el bebé se desarrolla en los primeros meses, aumenta gradualmente la conciencia de sí mismo como un ser humano independiente. La reacción de la madre a este proceso es muy importante. La madre también experimenta esta separación, y la situación óptima es que la madre procesa esta experiencia y puede apoyar al bebé y también apoyar el movimiento natural del niño hacia la diferenciación. Todos somos humanos y cometemos errores, por lo que es fácil notar cómo las madres no siempre pueden proporcionar el equilibrio perfecto de afecto y apoyo para la autonomía.

Es aquí donde muchos de los Defensores, o tipos de tríadas corporales, pueden haber experimentado un problema. Pueden haber existido interrupciones en este proceso, o pueden haberlo experimentado como algo muy complicado. Por ejemplo, si hubo una falta de estructura temprana en la vida, el Tipo Uno, el Perfeccionista, puede intentar compensar esto estableciendo medidas extremas de organización y estándares al más alto nivel más adelante en la vida. El Tipo Nueve, el Pacifista, puede experimentar esta etapa como un bloqueo y nunca sentir que se diferencian por completo de su entorno inicial. El Pacifista es a menudo alguien con quien todos podemos relacionarnos; representa la experiencia esencial de todos los humanos hasta cierto punto. El Tipo Ocho, o el Desafiador, puede indicar una falta de dominio de su personalidad. Se volvieron fuertes para protegerse porque nadie más lo hacía.

Los Sujetadores (tríada emocional o del corazón, tristeza o práctica) —Tipo Dos, Tres y Cuatro— están dirigidos hacia el exterior, se mueven hacia las personas, se esfuerzan por darle sentido y operar la conexión con las personas y las relaciones. Un aspecto que la mayoría de los Sujetadores tienen en común es una característica definitoria que proviene del miedo infantil. Esto tiene que ver con la ansiedad por la separación.

Esta etapa de desarrollo está asociada con el alejamiento de la diferenciación y hacia la fase de "práctica", que es el proceso en el que un niño sale al mundo para experimentar y observar cuán peligroso es. Podría imaginar un niño pequeño al que le encanta explorar el mundo. El niño, que ya no se limita a la perspectiva visual de gatear o acostarse, tiene una nueva visión del mundo desconocido. Esta es la fase de practicar tareas físicas necesarias para la independencia, como caminar u otras actividades diarias. A menudo existe un deleite que el niño experimenta en el mundo externo. Esto puede venir con algunas tendencias narcisistas, como era de esperar en la primera infancia.

Algunos Sujetadores afirman que tuvieron una experiencia temprana que fue inesperada para ellos durante esta fase. Es posible que les haya hecho replegarse hacia sí mismos o hacia un lugar seguro. Los Sujetadores pueden no experimentar una sensación constante de miedo, pero poseen una motivación subyacente para sus comportamientos que se deriva de un deseo de evitar el miedo. Esta etapa de desarrollo ciertamente puede proporcionar una sensación de asombro abrumador del mundo. Si puede imaginar la conciencia de un niño en este punto, puede imaginar lo peligroso que debe parecer el mundo. Una parte importante de la fase de práctica se centra en la vivencia de sus padres como persona individual, en lugar de ser parte de ellos.

Estos problemas están profundamente arraigados en la conciencia y el subconsciente de los Sujetadores. La tensión existe entre la necesidad de adaptarse y lograr un nuevo ámbito de existencia y la necesidad de conservar una relación importante. La concienciación de esta tensión crece en el niño. Luego, el niño desea poder compartir cada nueva experiencia y habilidad con los padres. El niño buscará que la madre le otorgue un sentido de validación durante esta fase para que sepa que la madre lo observa y aprueba su autonomía recién descubierta. Los Sujetadores, o tipos de Corazón, sentirán que es difícil amar y se sentirán "decepcionados" si no se les muestra la cantidad suficiente de apoyo emocional e imitación durante esta fase. Los Tres Tipos que se encuentran en esta situación descubrirán la estrategia de logros para ser aceptado. Los Tipo Dos descubrirán que tienden a la estrategia de dar y adaptarse a los demás. Los Tipo Cuatro se esforzarán por ser únicos, creativos y artísticos para obtener amor.

Los Separadores (mental, cabeza, miedo o tríada practicante) — Tipo Cinco, Seis y Siete— están dirigidos hacia el interior. Se alejan de las personas; se desprenden como una forma de darle sentido y operar en el mundo desde el interior de la cabeza. Esta etapa de desarrollo se asocia con alejarse de la fase de práctica y pasar a la fase de "reconciliación", que es el proceso que muestra que un niño ha logrado ciertas medidas de independencia, como poder caminar, pero su deseo de independencia se ve afectado por su miedo al abandono. El niño, al comienzo de su independencia física, siempre vuelve a la madre. Se siente exuberante al regresar y compartir con los padres lo que ha hecho en el mundo. En algún momento, el niño aprenderá de sus limitaciones; pueden encontrarse con una experiencia particularmente intimidante que limita su capacidad de continuar. Posteriormente tienen un dilema entre su independencia y la proximidad al cuidador. La forma en que esta etapa se negocia con éxito es cuando el cuidador puede proporcionar suficiente "aceptación" para apoyar a su hijo en sus exploraciones sin que el niño se llene de ansiedad.

Algunos Separadores notaron que tuvieron una experiencia difícil a esta edad. Es posible que les haya hecho replegarse hacia sí mismos o hacia un lugar seguro. Los Separadores tienen una sensación de seguridad dentro de sí mismos, en lugar de querer depender de otros para su seguridad. El Separador tiene una tendencia específica a querer usar su vida interior para mantener un sentido de sí mismo, en lugar de externalizarse o depender de los demás.

La tensión de esta etapa de desarrollo se centra en el abandono. El niño cuyos padres confundieron su cautela en esta etapa como débil o ineficaz puede haber infundido un miedo profundamente preocupante al abandono en el niño. Aumenta su incomodidad con las nuevas relaciones, y el Separador siempre se preguntará si sus amigos o parejas románticas los abandonarán espontáneamente.

Las personas se abren camino en el mundo como Sujetadores, Separadores o Defensores. Ahora que hemos analizado algunos de los aspectos de desarrollo de las tríadas, analicemos cómo se manifiestan los rasgos de cada una de las tríadas en la edad adulta.

El Tipo Ocho, el Desafiador, se encuentra en la tríada Defensor. El Desafiador vive con una intensa sensación de poder. Su forma de vivir en el mundo es por confrontación. Esto proviene de experiencias tempranas donde la confrontación era necesaria, incluso forzada sobre ellos, y les ayuda a darle sentido a lo que importa y lo que pueden hacer. Se enfrentan a la falta de control que tenían cuando eran niños pequeños al querer ejercer su control como adultos. El Desafiador puede tener una visión pesimista del mundo y desarrollarse en él de manera sospechosa.

Usan la confrontación como una forma de conexión. ¿Ese tipo que le está haciendo pasar un mal momento por ir por el camino equivocado en el estacionamiento? Esa podría ser su forma de hablar con un desconocido hoy. Esto puede tener un propósito para él, mientras que a usted solo lo molesta. Pueden sentir cuando alguien no está siendo honesto porque se asustan y buscan protegerse. Les agrada empoderar a las personas con desafíos y apoyo.

El Tipo Nueve, el Pacifista, también es parte de la Tríada del Defensor. Al Pacifista le agrada enfocarse en los aspectos armoniosos de la vida. Prefieren intentar crear paz en todas partes, desde el lugar de trabajo hasta la tienda de la esquina. Son líderes sencillos, pero no les agradan los conflictos. Es aquí donde se diferencian del Desafiador. Al Desafiador le agrada confrontar a otros para conectarse. Al Pacifista le agrada mediar a otros para la conexión. Para ellos es fácil ser amigables y relajados, no solo con amigos y familiares, sino también en las relaciones profesionales. Son relativamente no competitivos y creen en el concepto de igualdad de condiciones.

Sin embargo, el Pacifista tiene problemas para tomar acción, y si lo comparamos con la primera etapa de Mahler, podríamos concluir que lo hacen porque tienen miedo al conflicto. El conflicto, en los primeros años de la vida, era algo que tenían que asumir sin apoyo, y el Pacifista busca evitarlo. Asumen demandas urgentes de otros y rara vez expresan enojo. Es posible que algunos Pacifistas necesiten hacer un trabajo propio para poder expresar su propia ira.

El Tipo Uno, el Perfeccionista, es el tercero de la tríada Defensor. Sus voces internas y su vida se centran en lograr y buscar la perfección. Poseen un profundo sentido de lo que es correcto. Piensan que saben cómo solucionar la mayoría de los problemas. A menudo sienten que se deben a sí mismos ser los más competentes. Piense en las asociaciones que tenemos con los padres de los Perfeccionistas. A menudo, al igual que sus hijos, tienen el deseo de que todo sea perfecto y, a menudo, empujarán a sus hijos a alcanzar roles. El Perfeccionista, entonces, desarrolló su lado triunfador, y tal vez se olvidó de desarrollar su lado correcto y que solo necesita afecto.

Pueden ser buenos líderes e inspirar a otros a alcanzar grandes alturas también, pero deben vigilar para asegurarse de que no continúen un ciclo de perfeccionismo forzado, ya que esto puede ser muy perjudicial.

Otro aspecto del desarrollo infantil que destaca con los Perfeccionistas es su severa crítica interna, que les indica que deben ser constantemente perfectos y que hacer algo por placer no es productivo. Pueden tener una sensación devastadora de fracaso cuando se enfrentan a algo que no pueden hacer. Esto proviene de mensajes tempranos de los padres. Pueden estar reflejando el comportamiento de los padres, o podrían estar reaccionando a las altas expectativas de su entorno. El tiempo es enemigo del Perfeccionista porque sienten que nunca tendrán suficiente para completar todo lo que necesitan hacer.

Analicemos la Tríada de Sujetadores. El modo principal de ser es emocional para aquellos en la Tríada de Sujetadores. Los tipos incluidos aquí son Dos, el Servicial; Tres, el Triunfador; y Cuatro, el Individualista.

El Tipo Dos, el Servicial, se encuentra en la Tríada del Sujetador. Luchan por conocer sus propias necesidades. Tienen problemas con la diferenciación. El Servicial es muy sensible a lo que está sucediendo con otras personas. Se sienten motivados por las necesidades de los demás. A menudo son muy buenos para transmitir calidez, conocimiento y comprensión porque poseen una verdadera preocupación por las personas. A veces se frustran porque no pueden hacer tanto como quisieran. Se involucran en relaciones codependientes y pueden ser obsesivos.

Podemos observar cómo la segunda etapa de diferenciación de Mahler ha influido en la personalidad del Servicial. La etapa en la que el Servicial se ha preocupado es la primera, en la que un bebé recién comienza a comprender la diferencia entre "yo" y "usted". El Servicial solo quiere vivir en simbiosis para siempre, con la capacidad de ayudar a las personas y, en cierta medida, conservarse dependientes. Tal vez esto sea una recreación de la relación poco saludable de la que deriva esta actitud, en la primera infancia, al colocarse en el lugar de los padres.

El Servicial desarrollará un entorno donde pueden ayudar a las personas y entrar en el tipo de relaciones que les brindan energía. El Servicial adaptado también encontrará formas de atender sus propias necesidades.

Al Tipo Tres, el Triunfador, prefiere actuar; es tan simple como eso. En pocas palabras y sin rodeos, lo hacen para llamar la atención. Esto no pretende ser una reducción del valor de las actividades del Triunfador; después de todo, el Triunfador a menudo alcanza objetivos impresionantes de muchas maneras a lo largo de su vida. Les agrada pensar de sí mismos que son modelos a seguir. Por lo general, tienen un exceso de confianza, eficiencia y habilidad. Se deleitan con los aplausos y la aprobación que obtienen de sus logros.

El último de la Tríada de Sujetadores es el Individualista, o Tipo Cuatro. Los Individualistas poseen un sentido de la singularidad, y se sienten muy cómodos en sus idiosincrasias. Piensan que son diferentes de los demás, y a veces esto puede conducir a la soledad y al sufrimiento. Sienten que tienen un regalo que es suyo. Se preocupan profundamente por las personas y buscan sentido en la vida.

Puede observar cómo la tarea de diferenciación afecta a cada tipo de personalidad de manera diferente, aunque, cada uno de los Sujetadores se esfuerza por lidiar con la naturaleza primaria de la diferenciación, intentan lograrlo de diferentes maneras. En cuanto a los Individualistas, les basta con establecer que son diferentes y únicos, y que no se asemejan a nadie en el mundo. Esto alivia su tensión de tener que diferenciarse de los demás y les ayuda a pensar en sí mismos como personas que son dignas de importancia.

El Individualista generalmente encarna la emotividad y el drama en su vida. Sus relaciones a menudo adquieren un tono dramático. Son personas relacionales; se consideran el tipo de personas que son adecuadas en las relaciones.

Los problemas que los Individualistas a menudo experimentan en la infancia pueden conducir a problemas con límites en la edad adulta. El Individualista puede quedar atrapado en los sentimientos de los demás. Pueden exagerar y son muy inconsistentes en las relaciones. Tienen un ciclo de expectativa y romanticismo que siempre se ve socavado por la realidad.

La Tríada final que analizaremos es la Tríada de Separadores. Los Separadores incluyen el Tipo Cinco, el Investigador; el Tipo Seis, el Leal; y el Tipo Siete, el Entusiasta.

El Investigador, o Tipo Cinco, a menudo encontrará que se aleja de las personas. Quieren separarse del mundo y percibir sus pensamientos y emociones en su vida interior. Esto los hace sentir seguros. Minimizan la participación como una forma de mantenerse a salvo. Lo anterior está involucrado con la segunda etapa de desarrollo de Mahler, la etapa de práctica. Esto se refiere cuando un niño está experimentando hasta qué punto puede salir de su seguridad y aun así volver a hacerlo. El Investigador siempre intentará encontrar respuestas y establecer conexiones en su propia mente. Buscan enfoques extremos para la resolución de problemas. Les agrada mirar al mundo como un rompecabezas. Cada pieza puede estar separada, pero todas juntas crean un todo comprensible.

En el desarrollo inicial, el Investigador puede haber tenido problemas en la etapa de práctica. Es posible que se hayan experimentado a sí mismos como independientes del padre en esta etapa, y se dieron cuenta de que la percepción sería lo que los haría sentir de manera correcta. La percepción salvaguardará las dificultades de la vida. Esto puede ser la función de sentirse distante de los padres a una edad temprana.

El Investigador es objetivo y, a menudo, observa con seriedad en conversaciones importantes. Les agrada considerar todos los puntos de vista diferentes y etiquetarlos como válidos. Son muy cautelosos con su tiempo y energía y pueden ser muy buenos para anticipar las demandas de un trabajo o tarea en particular.

El siguiente de los Separadores de los que hablaremos es el Tipo Seis, el Leal. El Tipo Seis tiene algunas de las líneas más fáciles de dibujar a la experiencia de la infancia. El Tipo Seis considera que el mundo es peligroso e inseguro. Descubrirán que su experiencia a menudo se alinea con una búsqueda de seguridad de sus amenazas percibidas del mundo. Son muy buenos para percibir lo que es peligroso. No les agrada enfrentarse, y tampoco escapar. Son muy leales y a menudo serán muy buenos amigos. No les importa estar en posiciones de liderazgo. Alternan entre ser rígidos y flexibles.

La tarea de la segunda etapa de Mahler es la autonomía. La autonomía es estar separado del otro. En esta etapa, están desarrollando un sentido de diferenciación. El Leal puede encontrarlo en esta etapa; pueden haber tenido problemas para encontrar la seguridad fuera de la conexión inmediata de su madre, y esto afectará su capacidad para encontrar independencia y un sentido saludable de sí mismo como adulto. Su experiencia con el tiempo es como algo para obedecer.

El Entusiasta, o Tipo Siete, es muy optimista. Les agrada pensar en el mundo y el futuro, desarrollando planes emocionantes. A veces tienen que experimentar el duro sentido de la realidad y pueden escapar a su mundo interior donde no están limitados.

No les agrada hacer lo mismo dos veces. Prefieren la novedad y la frescura. Derivan energía de estímulos de múltiples fuentes y direcciones.

Les agrada planificar y pensar en las posibilidades. Se quedarán hasta altas horas de la noche pensando en su próximo mes, en cómo viajarán o en cómo hacer su mundo más emocionante.

El Entusiasta tiene un gran sentido de sí mismo. El Entusiasta que no se ha adaptado correctamente a la vida adulta puede encontrarse con un sentido de derecho. Pueden parecer creyentes de que tienen derecho a la vida placentera de sus sueños. Esto se puede demostrar a través de la falta de empatía hacia otras personas, colocando sus necesidades antes que otras.

Lo que se muestra en las habilidades de afrontamiento inadaptado del Entusiasta es la falta de sentido de sí mismo o la falta de auto concepto. Esto proviene de la fase de desarrollo de la autonomía que se ha mencionado anteriormente.

Una meta-perspectiva sobre el Eneagrama y cómo encajamos en el mundo es un análisis del tipo de personalidad que prospera en nuestro contexto (por ahora, hablaremos de América del Norte, particularmente de los Estados Unidos). Se trata de productividad. Este enfoque atencional enfatiza hacer las cosas, producir y ganar. Las fortalezas de este grupo incluyen eficiencia, confiabilidad, autoconfianza, liderazgo y orientación a objetivos. Sin embargo, existen muchas debilidades que vienen junto con esta productividad y ganancia. Los Tipo Tres tienden a ignorar los sentimientos, ser impacientes, manipular hechos, ser engañosos y creer en sus propias mentiras. Se desprenderán de los sentimientos sutiles y exigirán que todos sean productivos.

Cuando participamos en una cultura, perpetuamos su mito colectivo. El ethos de un país puede identificarse observando el refinamiento de actitudes e ideas en su arte, tradiciones, gobierno y economía.

Una forma en que se puede observar es en las expectativas de los roles de género. Nuestra cultura tiende a valorar dos valores opuestos pero simbióticos: voluntad y amor. Se espera que las mujeres crezcan como madres y amantes, y la cultura a menudo les indicará que estos son los valores que deberían dar forma a lo que realizan como trabajo y en su vida personal. El amor en este sistema binario representa empatía; es el valor de poder relacionarse con una persona, comprenderla y hacer que se sienta comprendida. Las herramientas que se necesitan para transmitirlo incluyen ser un buen oyente, ser humilde, dar de sí mismo y no ser egoísta. Obviamente, este es un conjunto de rasgos positivo e increíblemente valioso, pero en ocasiones estos rasgos se desarrollan a expensas de otros.

El rasgo opuesto, pero simbiótico, de la "voluntad" es la asertividad. A los hombres se les indica que esto es lo que deben desarrollar a toda costa. Deben poder defenderse, ser líderes, dominar físicamente. A veces, se les indica que deben aprender a dominar psicológicamente. Las herramientas que necesita desarrollar para esto incluyen confianza, un sentido de sí mismo y fortaleza. Puede observar cómo el desarrollo de estos rasgos podría engendrar el subdesarrollo de otros rasgos más estrechamente relacionados con el amor.

Cuando está examinando su tipo de personalidad y las formas en que su personalidad queda atrapada o tiene éxito, también es importante tener en cuenta este espectro binario. Puede preguntar: "¿Cuánto amor puedo mostrar? ¿Cuánto podré representar?" Al examinarlos, puede compararlos con las expectativas de su género, y esto puede ayudar a iluminar aspectos de su personalidad que son difíciles de comprender en un principio. Una joven rebelde puede centrarse en su lado asertivo porque se da percata de que el mundo prefiere que actúe de cierta manera, y a ella le agrada ir contra la corriente. Esto podría ser la manifestación de una variedad de tipos, por ejemplo, esto podría encajar con el Desafiador, el Triunfador o el Individualista. Del mismo modo, un joven podría descubrir que carece severamente de las cualidades de asertividad y dominio y que encuentra que la forma en que se mueve en el mundo está más cerca de una perspectiva femenina. Este caso a menudo puede ser un Tipo Cuatro Individualista o un Servicial. Comprender el papel que juegan las expectativas de la sociedad en nuestro desarrollo es crucial para brindar un poco de contexto. El contexto nos ayuda a resolverlo.

Conclusión

Gracias por llegar hasta el final de *Eneagrama: Una Guía Esencial para Descubrir los 9 Tipos de Personalidad para Elevar su Autoconciencia y Comprender Otras Personalidades para Construir Mejores Relaciones y Mejorar la Comunicación*, esperemos que haya sido informativo y capaz de proporcionarle todas las herramientas que necesita para lograr sus objetivos, sean cuales sean.

El siguiente paso es poner en práctica algunos de los conceptos y la concienciación que ha desarrollado a través del proceso de lectura de este libro.

Finalmente, si encuentra este libro útil de alguna manera, ¡agradeceríamos que compartiera una reseña en Amazon!

www.ingramcontent.com/pod-product-compliance
Lightning Source LLC
LaVergne TN
LVHW011828060526
838200LV00053B/3937